COMMENT VOYAGER SEULE QUAND ON EST PETITE, BLONDE ET AVENTUREUSE

KATIA ASTAFIEFF

COMMENT VOYAGER SEULE QUAND ON EST PETITE, BLONDE ET AVENTUREUSE

Pocket, une marque d'Univers Poche,
est un éditeur qui s'engage pour la préservation
de son environnement et qui utilise du papier fabriqué
à partir de bois provenant de forêts gérées
de manière responsable.

Le Code de la propriété intellectuelle n'autorisant, aux termes de l'article L. 122-5, 2° et 3° a, d'une part, que les « copies ou reproductions strictement réservées à l'usage privé du copiste et non destinées à une utilisation collective » et, d'autre part, que les analyses et les courtes citations dans un but d'exemple et d'illustration, « toute représentation ou reproduction intégrale ou partielle faite sans le consentement de l'auteur ou de ses ayants droit ou ayants cause est illicite » (art. L. 122-4).
Cette représentation ou reproduction, par quelque procédé que ce soit, constituerait donc une contrefaçon, sanctionnée par les articles L. 335-2 et suivants du Code de la propriété intellectuelle.

© Éditions du Trésor 2016
ISBN : 978-2-266-27774-7
Dépôt légal : mai 2018

COMMENT VOYAGER SEULE...

« *Adna ? !* » Telle était la question que me posaient sans cesse les femmes russes, incrédules, en découvrant que je voyageais seule. Seule pour parcourir quelque 12 000 km en train, de Moscou à Hong Kong. Sans raison apparente, si ce n'est pour le seul plaisir de voyager. Pour le lecteur non russophone, je précise qu'*adna* signifie « toute seule ». J'y avais droit plusieurs fois par jour. *Adna* par-ci, *adna* par-là... *Adna* à Moscou, *adna* dans le Transsibérien, *adna* à Iekaterinbourg ou *adna* sur les rives du lac Baïkal. À force, cela commençait à ressembler à du comique de répétition.

Mais les femmes russes ne sont pas les seules à m'avoir posé de multiples fois cette question. Il y a aussi les hommes indiens. Ils me regardaient comme une Martienne, une étrange créature venue d'un autre univers, moi, petit être blanc aux cheveux blonds. De leurs yeux noirs et pénétrants, ils me dévisageaient, me fixaient, me scrutaient pendant des minutes interminables. Ceux qui parlaient anglais et qui disposaient d'un certain niveau de vie venaient me saluer, me souhaiter la bienvenue et éventuellement me prendre en photo. Je me trouve ainsi sur les clichés de nombreux illustres inconnus juste croisés dans la rue, qui souhaitaient immortaliser leur rencontre avec une petite blonde étrangère voyageant *adna*.

Mais les femmes russes et les hommes indiens ne sont pas les seuls à m'avoir demandé :

« Vous voyagez... toute seule ? ! Et... vous n'avez pas peur ? » C'était aussi l'interrogation de filles mongoles à la frontière chinoise ou d'un couple de Canadiens dans un train entre Ottawa et Toronto. En fait, c'est même en français que je l'ai entendu le plus fréquemment. Pour le non-baroudeur habitué aux vacances au Club Med ou au camping quatre étoiles, cela semble être une hérésie totale. Qu'une jeune femme, seule, parcoure le monde, pendant des mois, en dehors si possible des sentiers touristiques, est pour certains un objet de fascination, pour d'autres de suspicion. Il y a la question du pourquoi, et il y a la question du comment. La principale interrogation reste cependant : « Et vous n'avez pas peur ? »

Comme si une femme seule était forcément une proie facile à échanger contre une poignée de chameaux, donner en offrande à quelques dieux ou manger toute crue comme un sushi. Pour les personnes qui ont l'habitude de voyager, c'est pourtant maintenant d'une banalité évidente. Les femmes parcourant le monde en solo ne sont plus forcément de grandes aventurières audacieuses risquant leur vie pour découvrir de nouveaux horizons. Tout a déjà été découvert ou presque. Dans mon cas, même si j'ai l'âme aventureuse et que je ressens l'appel de la route, je ne suis pas une grande sportive. Je ne traverserai jamais l'Atlantique à la rame, je ne ferai jamais le tour du monde en ballon, je n'escaladerai jamais l'Everest, ni même le mont Blanc. Je n'ai gravi tout au plus que le Grand Ballon dans les Vosges et le Ben Nevis en Écosse – ce dernier fait tout de même un peu rêver, avec son froid mordant et son épais brouillard, même si au final on atteint en quelques heures seulement son sommet à 1 330 m d'altitude.

On peut aisément faire le tour du monde toute seule, sans être la descendante directe d'Alexandra David-Neel. Et non, à ma grande déception, je ne suis pas une exploratrice d'exception. Mais tout est relatif, me direz-vous. À côté des casaniers qui ont déjà du mal à organiser un week-end dans les Vosges et qui, passé le Luxembourg et la Belgique, ne voient qu'un monde fou, flou, lointain et inaccessible, oui, je suis une baroudeuse extravagante et courageuse ! À côté des nouveaux Nicolas Bouvier en tongs qui se goinfrent au buffet à volonté de leur hôtel, des capitaines Cook en pédalo, des Bougainville en croisière de luxe qui ne quittent jamais leur bateau ou des Stevenson qui ont troqué leur âne contre un bus climatisé, oui, je suis une vraie globe-trotteuse. Nul jugement de valeur dans tout ça, chacun son mode de vacances. Disons juste que sur l'échelle de Richter de la baroudeuse, je me situe quelque part entre la micro magnitude (doigts de pieds en éventail) et la magnitude la plus élevée (pays dangereux ou exploits sportifs en tous genres). Je me situe vers le milieu. J'aime quand même que ça secoue un peu. Et à côté de mon voisin qui écrit Kuala Lumpur « Koala Lumpur » parce qu'il pense que la capitale de la Malaisie est, comme en Australie, peuplée de koalas et qui imagine que Kowloon est le nom d'un restaurant chinois de banlieue et non un quartier hongkongais, eh bien oui, je suis un véritable Phileas Fogg au féminin ! Je mesure moins d'1,60 m, j'ai du mal à porter un sac à dos de plus de 10 kilos, j'ai généralement le mal de mer et j'ai peur à mobylette. Peut-être est-ce la raison pour laquelle mon entourage me demande sans cesse si je n'ai pas peur... Pour ma famille, voyager seule semble être un acte étrange et mystérieux alors qu'on est si bien chez soi. Pourquoi aller à San Francisco alors qu'il y a des tremblements de terre ? Pourquoi voyager en Russie où tout le monde boit trop de vodka ? Pourquoi se rendre en Chine où l'on nous fait manger du chien ?

Il y en a d'autres, encore, qui sont surpris de me voir partir. Ceux pour qui le mot « évasion » n'est guère évocateur et qui n'ont à la bouche qu'un vocabulaire toujours en -ion qui ne rime pas avec passion, mais se limite à ambition, subvention, évaluation, convention, réunion, et autres termes bien terre à terre. Terre à terre, ça, ça me plaît bien. Je voudrais errer ventre à terre sur toute la terre. Oublier ceux qui ne pensent qu'à leur train de vie et ne retenir que les trains et la vie.

Je pars toute seule, comme une grande, malgré mon gabarit de gymnaste bulgare, peu apte à me défendre en cas d'attaque soudaine d'un autochtone mangeur de Françaises. Je pars loin et longtemps, certes, sur les rails du Transsibérien, dans un tuk-tuk cambodgien ou un véhicule déglingué vietnamien, mais je n'ai jamais risqué ma vie. Enfin... rarement !

Voilà donc un petit ouvrage regroupant quelques anecdotes vécues, propre à encourager les futures voyageuses manquant d'audace à prendre la route. Mais attention, ce livre n'est pas un guide de voyage. Ce n'est pas non plus un mode d'emploi du « comment voyager seule ». Il n'existe aucun mode d'emploi. Le seul conseil que je donnerais est : foncez ! Ne craignez pas qu'on vous regarde comme une personne étrange, bizarre, asociale, qui voudrait un peu trop sortir des clous. En voyage, vous rencontrerez des dizaines des filles comme vous. Des centaines même ! Ça n'a rien d'incongru. Vous devrez même faire quelques efforts pour sortir des sentiers battus !

Ce recueil d'expériences et de (més)aventures donnera ainsi (peut-être) envie à certaines de partir... *adna !*

VIÊTNAM

J'ai passé trois mois et demi dans le sud du Viêtnam pour enseigner le français à Saïgon. Une durée insuffisante, bien sûr, pour tout connaître d'un pays, mais toujours mieux qu'un voyage rapide. Et travailler quelque part est le meilleur moyen de se fondre dans un nouvel univers.

Le Viêtnam. Un pays haut en couleur (et pour Saïgon, en odeurs et en sons !), où l'on mange à merveille à chaque coin de rue, où la pluie de la mousson donne des reflets magiques à chaque détail et où l'on est obligé d'aimer les mobylettes... Je ne dirais pas que les gens sont « gentils » dans ce pays, comme on me le demande souvent. Y a-t-il des lieux où les gens sont « méchants » ? On trouve des personnes extraordinaires et des boulets aux quatre coins de la terre !

En tout cas, voilà un endroit qui fait que l'Asie me manque souvent. Son exubérance, sa vie animée, le trajet que je faisais chaque matin en contournant le marché central et la cathédrale française, les bus de ville dans lesquels les noms des arrêts étaient presque chantés avec des voix mélodieuses, le café où je me rendais l'après-midi pour écrire et préparer mes cours, le boui-boui végétarien où l'on déguste la meilleure soupe au curry du monde, servie par une merveilleuse mamie, mes collègues et mes élèves vietnamiens, mes amies allemandes, rencontrées dans une charmante *guesthouse*, et enfin mes copines de la piscine municipale, ravies de parler français, et à cause desquelles je ne nageais pas beaucoup !

Comment voyager dans le delta du Mékong sans être Duras

Ah... Duras nous a fait rêver ! Avec son Mékong, ce joli nom qui rime avec ping-pong, dingdong ou baie d'Halong. Un nom évocateur, grâce auquel on pourrait imaginer voir apparaître sur un bac un futur amant chinois, beau comme un dieu, plein aux as, le coup du siècle, prêt à vous faire crier des « *vâng, vâng !* » (oui, en vietnamien) dans la gargote d'une ruelle sale et sombre comme au temps des colonies. Ah... le Mékong...

Mais, si l'on compare l'extrait de *L'Amant* où l'homme est décrit comme très élégant (surtout lorsqu'il sort de sa limousine) et ce qu'écrit Marguerite dans *Cahiers de la guerre et autres textes*, on s'aperçoit vite qu'il y a erreur sur la marchandise. L'amant y semble un peu moins sexy : « Je revoyais son visage qui se trouvait à ce moment-là dans le noir, son visage vérolé, sa grande bouche molle, je revoyais la photographie où il était si lamentable et je pensais que la bouche, la salive, la langue de cet être méprisable avaient touché mes lèvres. » Beurk ! Un pouacre !

Le Mékong n'est peut-être pas si romantique. Je rêvais pourtant d'explorer les rives du fleuve sauvage, entre des rizières ô combien grandioses, dans une sorte de paradis au goût suave de goyave, où l'on peut admirer des couchers de soleil beaux comme dans une sitcom brésilienne et surtout, surtout... où un Chinois au charme durassien surgirait dans la brume...

Quelle idée ! Voilà pourquoi je me retrouve dans ce bus rempli de quarante-neuf « routards » qui veulent sortir des sentiers battus (et se retrouvent agglutinés dans un même véhicule), car la fainéantise m'a poussée à opter pour un tour organisé (alors que je préfère pourtant les voyages désorganisés).

Mais la chance me sourit ! À bord, il y a des Français, des Singapouriens au look plus amateurs de shopping qu'aventuriers et... des Chinois ! Miracle, l'un d'entre eux s'assoit à mes côtés. Je mate sa Rolex. Mon imagination s'enflamme. J'ai 15 ans, je m'appelle Marguerite, je n'ai pas encore le Goncourt et ce Chinois pété de tunes me ramène ce soir en limousine. Il est pas mal en plus. Sauf qu'il a des pellicules et les cheveux gras.

Le guide me sort de mes rêveries en braillant dans le micro. Il va raconter une « blague » :

— Vous allez dormir à l'hôtel. Et moi, devinez où je vais dormir ? Sur le toit du bus !

D'accord...

Puis vient le « jeu ». Celui qui trouve la longueur exacte du Mékong a gagné. A gagné quoi ? Un bonbon à la noix de coco. Personne ne trouve la réponse exacte de ce jeu à la noix mais l'heureuse gagnante n'est pas très loin : 4 800 km. Nous avançons sur l'autoroute à la folle allure de 40 km/h. Tiens... une rizière ! Pas plus grande qu'un terrain de foot.

Soudain, un bruit me fait sursauter. Ouaah ! J'ai failli faire une crise cardiaque. Le Chinois vient d'éternuer. Il n'est pas bien d'éternuer comme ça ! Il n'a même pas mis la main devant sa bouche. C'est la mousson devant nos sièges : une pluie fine retombe devant mon nez. J'espère que l'épidémie de SRAS est finie.

Le bus marque enfin une pause. Nous empruntons un sentier entre bambous et arbres luxuriants. Apparaissent deux musiciens en tenues traditionnelles et des chanteuses qui font ensuite la tournée pour récupérer un pourboire ou vendre un CD.

Nous continuons pour arriver au bord d'une ramification du Mékong où nous attendent des barques prêtes à nous emmener voguer sur les eaux troubles du fleuve mythique. Par groupe de quatre, équipés de chapeaux vietnamiens, prêtés pour l'occasion et qui nous donnent un air de touristes ridicules, nous nous retrouvons à bord, conduits par un vieux monsieur à qui il manque pas mal de dents. Heureusement que le Chinois n'est pas dans mon embarcation. S'il éternue encore on risque un tsunami. Et vu la couleur de l'eau, je n'ai pas trop envie d'aller y barboter.

Nous nous faufilons entre les *Nypa fruticans*. Détail savant : c'est l'unique espèce de palmier aquatique du monde. C'est si bon de se retrouver enfin au calme, dans un lieu intime qui fait oublier l'autoroute, les villes et le tour organisé. Dommage que ça ne dure que quinze minutes.

Nous visitons ensuite une fabrique artisanale de bonbons à la noix de coco. L'aventure continue avec une promenade en bateau dans les parties larges du fleuve, que nous abrégeons pour échapper à un violent orage.

Le soir venu, nous arrivons dans la ville de Can Tho. Un petit million d'habitants. Le bus s'arrête devant un quatre étoiles. Surprise ! Nous allons bénéficier du confort d'un grand hôtel. Zut ! Fausse alerte : nous déposons juste les Chinois. Nous nous arrêterons dans un hôtel aux chambres sans fenêtres. Toujours mieux cependant que la chambre dite « chez l'habitant » (pourtant proposée avec supplément) : des bungalows au bord de l'autoroute.

Le lendemain est consacré à une visite du marché flottant. L'occasion de découvrir la vie des petits commerçants venus vendre fruits, légumes et poissons sur leurs bateaux. Avec un voyeurisme certain, nous regardons les habitants échanger ananas et pastèques, sous les déclenchements incessants de nos appareils photo numériques.

Le Chinois d'hier me sourit. Il a une dent en or.
Je déteste les voyages organisés.
Je déteste Duras.

Comment boire de la vodka de Hanoï sur une île avec dix Vietnamiens

Phu Quoc est une île vietnamienne au large du Cambodge, réputée pour la fabrication d'une sauce poisson qui pue. Je loge dans un petit hôtel discret au nom prometteur, le Moon Resort. J'ai pris un bungalow sur la plage pour jouir de la vue sur mer au réveil. Mais elle se révèle être une vue sur le mur du bungalow d'en face. Ici, les petites cahutes poussent comme des bambous. Je suis d'ailleurs réveillée par des coups de marteau le matin. On est hors saison et il pleut comme buffle qui pisse.

Le bar de la plage est fermé. Dommage, j'avais justement choisi cet hôtel pour ça, imaginant naïvement siroter un cocktail le soir en admirant le soleil se coucher, sur une musique tropicale et mielleuse. Les rues sont presque désertes. La plage est aussi ennuyeuse que peut l'être une plage de sable fin et de cocotiers. Un air de Cabrel me trotte dans la tête : « on doit être hors saison ». Même sous les tropiques, on pourrait imaginer le chanteur se pendre à un palmier avec sa guitare.

Le lendemain, je pars visiter l'île avec un guide, Bing, qui me trimballe en mobylette sur les « routes » boueuses et chaotiques.
On s'arrête pour découvrir un site de culture de perles. Mais la visite est plus que sommaire : on m'ouvre une huître, on me montre une perle et... visite de la boutique !
La pluie s'est arrêtée, il fait lourd quand, soudain, une odeur bizarre me chatouille les narines. On passe devant une fabrique de nuoc-mâm. Bing m'explique

que la sauce est obtenue à partir du pressage de poissons conservés dans le sel, puis fermentés en fûts. Huit millions de litres sont produits chaque année. Quand même ! Il en existe de qualités différentes, et certains parlent même de crus, comme pour le vin ! Ça me rappelle d'un coup le titre (débile) d'un film hongkongais *J'irai verser du nuoc-mâm sur tes tripes* (charmant). Pas pire qu'un film français qui sera plus tard baptisé *J'irai cracher sur vos tongs*.

Escale déjeuner dans un petit restaurant quasi vide, au milieu d'un décor digne de *Pirates des Caraïbes* (sans Johnny Depp, faut pas pousser). Une vraie carte postale. Le genre de carte que les collègues de bureau envoient parfois pour dégoûter ceux qui passent l'hiver dans le brouillard. Avant de revenir avec des faces de calamars frits.

La chaleur est assommante. Le temps passe. On m'informe que le cuisinier est très lent. Pourtant, il n'y a presque personne. Je commence à désespérer et me demande si le cuistot ne s'est pas perdu dans une rizière.

Ah… c'est beau le paradis. Mais qu'est-ce qu'on s'emmerde !

Soudain, le calme est rompu. Dix Vietnamiens bruyants, dix hommes, s'installent derrière moi. Ils me font des grands gestes pour me proposer de me joindre à leur table. Ils m'invitent à manger et surtout… à boire ! Ils me servent un verre de vodka. Mais… on est loin de la Russie, non ? J'observe l'étiquette. Vodka de Hanoï. De l'alcool de riz. Du coup, au lieu de me contenter de mon vulgaire riz frit, je profite d'un véritable banquet de poissons, crevettes et autres réjouissances fraîchement pêchées. Ces messieurs ne parlent pas anglais, ce qui limite la conversation, mon vietnamien n'ayant guère progressé.

Une fois passé le classique « *whatsyournamewhereareyoufrom-howoldareyou ?* » que tout le monde demande partout, on a vite fait le tour. Je découvre que mon voisin connaît au moins quatre mots supplémentaires : « *doyouloveme ?* »

Ça se gâte !

Mes nouveaux amis sont rigolos, mais suants. Au sens figuré comme au sens propre. Les esprits bouillonnent comme les marmites de poisson. Les gouttelettes dégoulinent des fronts et s'échouent sur la table en bois, entre les crevettes et les calamars gluants.

Ça tape.

Les verres se vident, les verres se remplissent.

On me sert mon ridicule bol de riz qui se perd au milieu des riches victuailles de la tablée.

Séance photo de groupe avec un appareil, puis un autre et un troisième.

Photo avec un Vietnamien, deux Vietnamiens… dix Vietnamiens.

Mon verre se vide, mon verre se remplit.

Where are you from ? Vodka. *Are you married ?* Vodka. Poisson. Vodka. *What's your name ?* Crevette.

Ça chauffe, ça tangue.

Fuir avant de couler.

Thank you. I go swimming.

Je voudrais aller faire quelques brasses dans la mer pour me rafraîchir les esprits, mais la mer n'est plus horizontale.

Nouvelle séance photo avec un Vietnamien, deux Vietnamiens, trois Vietnamiens…

Ouf, Bing revient !

Et nous repartons à mobylette sur les petits chemins de terre. Le soleil à l'horizon profile franchement les buissons. Et je me cramponne à mon chauffeur. Au loin quelques bons copains me font adieu, verre à la main.

Et je me cramponne… à mobylette !

Comment voyager au Viêtnam dans un train d'une autre époque

Ça pèle ! On n'a pas l'habitude d'avoir froid, au Viêtnam. Il faut dire qu'il est 4 heures du matin et qu'on est à 1 500 m d'altitude. Le bus de nuit vient de me déposer et je dois harceler le gardien de l'hôtel pendant une demi-heure pour qu'il se décide à m'ouvrir, l'air grognon. Je profite ensuite pendant quelques heures d'un « grand lit confortable », des traces de moisi au plafond et des odeurs d'humidité.

Après une courte nuit, je commence à découvrir Dalat, surnommé le « petit Paris vietnamien ». Disons qu'il y a une grande antenne téléphonique qui ressemble à la tour Eiffel et quelques maisons d'architecture française. Mais ça reste bien une ville vietnamienne. Bordélique. On compte plus de mobylettes que d'habitants. L'enchevêtrement de fils électriques fait s'attendre à un prochain feu d'artifice. Les maisons sont très colorées, construites en hauteur, on dirait des Lego géants.

Je m'éloigne du centre et fais le tour du lac qui me rappelle le lac de Gérardmer dans les Vosges. Ça change ! On y voit voguer des pédalos très kitsch en forme de cygnes. Je visite aussi un parc avec des cafetières géantes fleuries, des buissons sculptés en formes d'animaux un peu ridicules et qui font même un peu peur…

Je me dirige ensuite vers la gare, la plus vieille et la plus haute du Viêtnam. Construite en 1932 par deux architectes français et inspirée de la gare de Deauville, elle est aujourd'hui désaffectée. De taille modeste et de style Art déco, elle est plus petite que la maison d'en face, celle de la fille du Président. C'était le point de départ d'un petit train à crémaillère qui parcourait autrefois quelque 84 km à travers la campagne. On peut maintenant faire une minuscule virée de 7 km sur un tronçon de l'ancienne voie ferrée. Après tout, qui dit gare, dit train. Et qui dit train dit départ. Ce n'est pas un grand périple, larme à l'œil, valise chargée. C'est un mini-voyage. Mais qu'importe ! Un train est un train et celui-ci vaut le coup !

J'attends le prochain départ. Seuls des touristes vietnamiens seront du voyage. Je me fais accoster par un étudiant qui veut pratiquer le français et papote un peu. J'admire la boutique où l'on vend des bouteilles de vin de Dalat. On se doute que ce ne sont pas de grands crus. Mais les petits verres que j'ai eu l'occasion de goûter n'étaient pas si mauvais !

Quelques jeunes couples posent devant les vieux wagons pour des photos de mariage. Un beau décor. La région est une destination idéale pour les voyages de noces. Dalat est peut-être moins romantique que Venise mais quand même. On trouve à quelques pas d'ici une vallée dite « vallée de l'amour » ! Une future jeune mariée vêtue d'une longue robe rouge, bouquet d'anthuriums blancs assorti au costume de monsieur, se trémousse devant l'objectif.

Une autre mariée porte une robe à froufrous d'un orange très pâle. Son bouquet de fleurs jaunes tient dans un petit panier en osier. Le futur époux porte pantalon blanc et chemise blanche, pas de cravate mais des bretelles et un chapeau de paille. Ils se fondent parfaitement dans le paysage. On se croirait à une autre époque.

Le train s'élance sur les rails de Longwy. On ne va pas loin, mais quand on ne sait pas où on va, c'est tout de même une petite expédition. C'est un retour vers le passé, sur les vieilles banquettes de bois du ravissant wagon. Les Vietnamiens me font des grands sourires et je n'échappe pas à quelques « *where are you from ?* ». Nous traversons les paysages typiques de la région : cultures de fleurs et de légumes, plantations de café, des collines et des serres…

On aurait envie que le voyage se poursuive. On aurait envie de goûter un peu plus l'atmosphère de ce train pas comme les autres, mais déjà, on arrive au bled d'à côté, Trai Mat. Vendeurs de fruits et de légumes envahissent la rue, s'installant à même le sol, sur les trottoirs et la route.

Le point d'intérêt de la ville, c'est sa pagode que l'on peut intégrer dans le classement des édifices religieux les plus foufous. C'est un temple bouddhiste assez délirant, à la construction carnavalesque. Il est fait de milliers de morceaux de bouteilles brisées et de terre cuite. Dans le jardin, on trouve également un dragon de 49 m de long, décoré de cinquante mille tessons de bouteilles ; des bouddhas et d'autres dragons viennent compléter le décor. Envahi de touristes, de pèlerins, de villageois, le lieu n'est pas vraiment propice au recueillement.

Un des couples de jeunes mariés de tout à l'heure fait encore des photos. La robe à froufrous orange est complètement décalée, ici, devant le dragon en tessons de bouteille. Ils étaient plus raccords à la gare de Dalat !

Comment rencontrer des expats petits, blonds et aventureux

Les expats ? De beaux et jeunes cadres dynamiques pleins d'avenir et de rêves, ambitieux, prêts à travailler sous d'autres horizons pour mieux connaître un pays et saisir son âme. Des aventuriers modernes, sortes de conquérants venus construire une autre vie dans un ailleurs plein de promesses.

Pas des touristes de base devant un cocktail au lait de coco. L'étoffe d'un Gengis Khan, le courage d'un Indiana Jones. Le charme coquin de Pierce Brosnan dans *Le Tailleur de Panamá*, l'humour de Romain Duris dans *L'Auberge espagnole*. Pas des mecs paumés comme dans *Lost in Translation*.

Oh, les expats !

Je ne comprends pas pourquoi cette jeune Française qui travaille à Singapour depuis quelques années m'a dit : « Les expats ? Des porcs venus se taper des Asiatiques ! »

Dans un pub irlandais de Saïgon, je bois un verre avec une amie allemande qui vit ici. Quelle idée ! Pas très typique, tout ça. Mais c'est le lieu idéal pour observer le comportement des expats le vendredi soir à Ho Chi Minh-Ville. Nous nous installons à une petite table, commandons une bière Saïgon rouge, écoutons le concert de la soirée, des reprises pas trop réussies de rock anglais.

Je joue à l'ethnologue et observe. Telle une Lévi-Strauss blonde (pas celui qui aime les jeans mais celui qui « hai[t] les voyages et les explorateurs »), je tente de me défaire de ma propre culture pour mieux observer les relations interethniques entre le groupe « expats » et le groupe « autochtones ».

Pour l'instant, la population est essentiellement constituée de Vietnamiens. Leur civilisation n'est pas si éloignée de la nôtre. Ils absorbent des boissons alcoolisées, utilisent des systèmes de communication non verbale (rires, sourires et autres signes pour exprimer leurs émotions), écoutent une musique empruntée à d'autres nations (le rock and roll). Un expat entre enfin et s'accoude au bar. Il est grand, très volumineux, cheveux gris et gras, et commande une pression. Il est seul. Il a plus de 50 ans.

Je ne m'inquiète pas. Les jeunes cadres dynamiques venus explorer le vaste monde vont bientôt arriver.

Un second expat entre en scène. Petit ? Blond ? Aventureux ? Non. Gras et luisant, lui aussi. Bouffe pour pas cher. Activité physique limitée avec cette chaleur. Il s'accoude au bar, commande un whisky et me regarde un moment. Beurk... j'ai une touche avec un expat !

Un troisième homme apparaît. Il ne connaît ni le premier ni le deuxième. Il s'accoude au bar et avale goulûment sa Guiness. Un clone des deux premiers.

Un quatrième expat fait son apparition. Même cérémonial. Il s'assoit aussi au bar plutôt qu'à une table. Plus pratique pour mater ? Mystère et boule d'hévéa.

Pendant ce temps, je remarque que des petites Vietnamiennes, toutes jeunes et toutes mimi, s'agglutinent comme des mouches autour de ces charmants messieurs et de leurs porte-monnaie... Voilà donc la logique qui préside à la rencontre des deux mondes qui coexistent ici. Les vieilles âmes vulgaires et grasses deviennent des rois. Les jeunes âmes en quête d'une vie meilleure se transforment en reines. Quel touchant spectacle !

Comment se faire masser en pyjama XXL

Rrrrrh… Han ! Iaarrr ! Greeeeuuuu !

La tête enfouie dans le trou de la table, je ne vois plus rien. Et je ne veux rien voir ! J'entends juste les geignements de mes voisins. Tous des Vietnamiens habitués. Et même avec l'habitude, ils ne cessent d'émettre des bruits plaintifs. Je suis donc la seule étrangère, mais qu'importe, personne ne le remarque, mon visage s'enfonce dans l'obscurité de la table. J'ai déjà mal rien qu'à les entendre ! À quelle sauce vais-je être mangée ? En tout cas, pas à la sauce soja.

Pour commencer, je suis en pyjama. Un magnifique pyjama en coton jaune canari, prêté à l'entrée, en taille XXL, et dont le short m'arrive au-dessous des genoux. Bizarre vu le gabarit de la population locale. Pas très sexy mais confortable. Il faut dire que c'est un établissement plus chic que ceux que j'ai fréquentés auparavant : 250 000 dongs la séance. Vous imaginez le luxe avec tous ces zéros ?

Dans la salle, un manager avec oreillettes gère l'équipe de choc : neuf petites Vietnamiennes et un seul masseur. Évidemment ça tombe sur moi.

Oooh… Aah… Ouh…

Ce sont toujours les plaintes languissantes de mes voisins. Je les observe un instant : ils se font étirer le dos. Si on m'écartèle comme ça, je vais finir en kit.

Ça commence par un bain de pieds avec de l'eau bouillante. Ouille. Mes pieds prennent une teinte écrevisse. Ensuite, malaxage de la tête, de la nuque et des bras. Supportable. On place des concombres sur mon visage tout en frictionnant énergiquement mes jambes et mes pieds. Ça revigore ! Puis le masseur soulève le haut de mon pyjama pour un triturage du dos avec des pierres très chaudes. Aïe… Il me scotche aussi deux pierres brûlantes sous les pieds. Ooh…

Arrive le moment fatidique : l'étirement du dos. Le jeune homme saisit mes bras et commence à tirer, tirer, tirer… Je sens ma colonne se courber comme un arc. Mais le masseur s'y prend plutôt lentement, il n'a pas envie d'avoir une blonde en pièces détachées sur la table. Vient enfin le moment du massage avec les pieds (j'ai bien dit « avec » et pas « des » pieds). J'appréhende. Il est debout sur la table et commence à marcher sur mon dos. Crunch… Ça craque. J'ai l'impression d'être une crevette qu'on commence à décortiquer.

Mais comme Monsieur doit peser 5 kilos de plus que ses collègues, soit 45 kilos tout mouillé, je survis.

Pour finir, me voilà dans une posture des plus originales : relevée en crabe et le masseur qui me triture le dos par-dessous avec ses pieds. Pas sûr que vous visualisiez la situation mais cette position acrobatique est digne du Kāma-sūtra !

À la fin, on m'offre un thé au gingembre pour faire passer tout ça.

Je sors, fais quelques pas dans la rue. Je m'attends à être fourbue, courbaturée, ramollie comme des nouilles de riz mais… surprise ! Je me sens légère, légère, légère… Me voilà parée pour de nouvelles aventures !

Comment faire du shopping à Saïgon

Au marché Ben Thanh d'Ho Chi Minh-Ville, j'ai acheté :

— Du café « merdique », c'est-à-dire passé par le tube digestif de civettes (de petits mammifères locaux) : autrement dit... torréfaction intestinale ! Pas mauvais, mais le fait que ce café soit récolté dans des crottes justifie-t-il son prix indécent ?

— Un chapeau de soleil *made in China* (qui me donne des airs de Mary Poppins).

— Du baume du tigre (pour les maux de tête quand ma belle-mère me fatigue).

— Des tongs pour aller jusqu'à la douche de mon auberge où prolifèrent des créatures microscopiques telles que l'abominable *Trichophyton rubrum* ou le terrifiant *Candida albicans,* vecteurs de maladies dermiques appétissantes plus communément appelées mycoses.

— Du vin de Dalat (mon beau-père caviste risque de m'étrangler s'il apprend que j'ai acheté cette piquette).

— Des bracelets moches car la vendeuse a insisté lourdement (zut, à qui je vais bien pouvoir les offrir ?).

— Des cuillères en corne de buffle (pour frimer, c'est mieux que des cuillères Ikea).

— Des hippocampes séchés (faut pas que je me fasse chopper à la douane) pour traiter l'asthme, l'impotence, la stérilité, la léthargie, la fatigue, la calvitie, les maladies de peau et la rage. (Euh... je risque vraiment d'attraper tout ça ?)

RUSSIE

Deux voyages en Russie vont être évoqués ici : un stage de russe à Saint-Pétersbourg et le plus beau voyage qui soit : le Transsibérien.

Transsibérien. Le train fou qui file à travers l'incommensurable continent. Le train mythique de *La Prose* de Cendrars. Emprunté par tant et tant de voyageurs célèbres ou de l'ombre. Transsibérien. Trans. Traversée.

Un pays et ses travers, à parcourir dans la transe du voyage, l'appel du loin, de la route et du rail. La voie ferrée. La voie. La foi du chemin. La voix rauque des chanteurs du sud de la Sibérie ou le chant du grand tétras s'envolant dans les feuillages obscurs de la nuit sibérienne.

Un voyage à transpirer. À respirer. Juste pour transcender l'existence par les mille et un sourires des Russes à venir. Transition d'un morceau de terre à un autre. Pour qu'elle paraisse si menue ou si vaste, allez savoir.

Le poète a dit : « Qu'importe si j'ai vraiment pris ce train puisque je vous l'ai fait prendre ! » Mais moi, je l'ai pris, et pour de bon ! Je m'y suis engouffrée, je m'y suis réfugiée, je m'y suis endormie. Je m'y suis réveillée, je l'ai aimé et je l'ai détesté. J'ai envié ses odeurs, sa lenteur, sa noirceur. J'ai vu mon reflet fatigué dans ses vitres, je me suis allongée sur ses banquettes rigides, j'y ai pris mon thé, il a été ma demeure, mon palais, mon royaume, ma vie pour quelque temps. Mon monde…

Il y a eu le voyage. Il y a eu le train. Il y a eu les gens et les villes. Il y a eu tout et rien. Tout ce qu'il y avait partout.

Et cette drôle de pensée que les Russes sont un peu comme leurs logements. Au premier abord, ils ont l'air tellement mornes qu'on a envie d'aller se jeter dans le Ienisseï. Comme leurs cités, ils sont massifs et sombres, ternes et gris. Mais quand on ouvre la porte, c'est une bouffée de chaleur, de générosité et de convivialité…

Comment dormir dans une résidence universitaire de la banlieue russe

Ah... Saint-Pétersbourg !

L'une des plus belles villes du monde. Une sorte de Paris où la vodka remplace le champagne. Ou de Venise avec du bortsch à la place des pâtes. Mais mon voyage n'a nulle visée romantique, je suis ici pour apprendre la langue de Pouchkine. Et de Poutine. J'ai opté pour un logement en chambre universitaire, en banlieue, me réjouissant de connaître l'ambiance étudiante qui promet d'être riche de partage et de convivialité.

Tu parles ! Ma chambre est au seizième étage, dans un appartement glauque, dans une banlieue sordide. Je viens de me coucher un peu démoralisée, quand j'entends soudain des craquements. Mon lit s'écroule ! Avec mes 47 kilos et alors que je n'ai pas encore abusé des pelmeni, mon volume n'est pas à l'origine de l'incident. La porte de la chambre refusant de fermer à clef, j'ai deux bonnes raisons d'aller me plaindre à la réception.

Ah... Saint-Pétersbourg !

La résidence universitaire est située à une heure trente du centre-ville. Il faut passer des heures dans les transports en commun, avec des gens qui font la même gueule que... dans le métro parisien. Et la « résidence » est une tour de béton colossale, au milieu de dizaines d'autres tours de béton. Il faut lever le nez très haut pour apercevoir un coin de ciel bleu ! On se croirait... dans un pays de l'Est dans les années 1950. L'immeuble est surveillé par un gardien russe qui est le portrait craché d'un gardien russe. L'air déprimé, les joues rougies, le costume d'une époque révolue et une incapacité à décrocher le moindre sourire. Sympa. Dire bonjour lui écorcherait la bouche ? Здравствуйте! C'est pas compliqué quand même ! Si ? Bon, c'est vrai que ça commence par trois consonnes…

Ah… Saint-Pétersbourg !
Anna est la petite Anglaise qui partage ma chambrée. Elle a 20 ans, est adorable, chic comme une Russe et un peu naïve. Elle sympathise vite avec les jeunes hommes du quartier qui se mettent à squatter chez nous. Elle est si enthousiaste de rencontrer de vrais autochtones qui n'attendent qu'une chose : l'aider à perfectionner la langue.

Aujourd'hui, elle sort avec eux et leurs bouteilles de bière et de vodka et rentre vers 2 heures du matin. Une heure plus tard, la porte de la chambre s'ouvre violemment. « *Anna, I love you !* » Un de ses petits copains russes entre complètement *zapoï* (bourré si vous préférez). Ma camarade a dû mal à se débarrasser du malotru et je me lève pour l'aider à l'évacuer à grands coups d'oreillers.

Ah… Saint-Pétersbourg !
Il est temps de partir si je ne veux pas finir par me jeter dans la Neva ou sous un train pour jouer à Anna Karenine.

Comment se faire des copines qui aiment Poutine

Prête à parcourir 1 668 km dans un train russe, je sens que je vais m'ennuyer comme un hamster sibérien en cage.

Je voyage en *platzkart*, la troisième classe. Plus convivial et plus sécurisant pour une femme seule. Les compartiments sont ouverts, ce qui évite de se retrouver, comme en première ou en deuxième classe, enfermée dans des couchettes avec des inconnus qui peuvent être forts sympathiques... ou pas, sachant que la vodka est ici le meilleur ami de l'homme. Et ce n'est pas un cliché.

J'arrive à ma place, celle que j'aurais préféré éviter : couchette du haut.

Il faut faire un peu d'escalade pour atteindre son lit, et puis surtout, on ne tient pas assis, le plafond est trop bas. Être petite présente certains avantages. Une de mes amies, avec son 1,80 m, ne ferait jamais ce type de voyage de crainte de se cogner la tête à chaque minute. Déjà qu'elle n'arrête pas de se plaindre en avion de ne pas savoir où mettre ses jambes...

Mon premier souci est de trouver un endroit où ranger ma valise. Sur les couchettes du bas se trouvent deux femmes : l'une roupille à moitié, l'autre s'énerve avec son portable. Je leur demande si je peux laisser ma valise en bas car je n'arrive pas à la porter pour la caser dans les compartiments. Elles s'énervent : *Niet !* Surtout pas ! Je ne comprends pas grand-chose à ce qu'elles me racontent, mais elles n'ont pas l'air content du tout. Elles haussent la voix, baragouinent des mots pleins de Х, de Ц, de Д, de Ж et surtout de Ю ! Se faire sermonner en russe est certes plus original qu'en français mais... ce n'est quand même pas très engageant ! Après ce premier contact, j'appréhende un peu les vingt-quatre heures qui vont suivre.

Un homme dans le compartiment d'à côté vient à ma rescousse et se débrouille pour caler mon *bagach* dans le petit espace au-dessus des couchettes. Il remarque que je suis étrangère. Et soudain... tout change ! On s'aperçoit d'un coup qu'il y a une Française à bord et me voilà devenue l'attraction principale du wagon. Tout le monde me regarde, me dévisage, veut me parler, me connaître, savoir qui je suis, d'où je viens, où je vais...

De la vulgaire voyageuse russe, je deviens... l'aventurière ! De la blonde transparente, je deviens... une héroïne ! De la maladroite qui encombre tout le monde avec ses bagages, me voilà... la star du voyage ! Je passe en un clin d'œil de l'ombre à la lumière. On m'adule comme Patricia Kaas, Alain Delon ou Gérard « Depardiou » ! (Oublions ce dernier exemple, je n'ai qu'un nom russe, pas la nationalité.)

Je sympathise rapidement avec mes quatre voisines : Leila et Svetlana, deux *business women*, la cinquantaine ; Leina, une jeune femme blonde aux cheveux longs et à l'air timide ; et Valentina, une babouchka aux cheveux rouge violacé, la teinture préférée des Russes grisonnantes.

Elles me demandent, ébahies, si je voyage *adna* ! Eh oui... Elles écarquillent alors les yeux : « Et... vous n'avez pas peur ? ! »

Leila et Svetlana sont très bavardes. Elles rentrent à Krasnoïarsk après avoir passé quelques jours à Moscou pour affaires (elles vendent des vêtements).

Elles m'interrogent sur mon métier et surtout mon salaire, précisant que les Russes gagnent en moyenne 500 dollars par mois. Elles feuillettent des magazines *people*. Nous nous retrouvons à parler des hommes politiques et je découvre leur vision des choses. Pour elles, Gorbatchev était une chèvre, Eltsine un âne. Quant à Medvedev, elles me font comprendre... qu'il en a une petite ! Elles n'apprécient que Vladimir Poutine, qui a du caractère. Elles connaissent Nicolas Sarkozy (prononcer *Sarkazy*) et sa jolie femme, mais elles trouvent qu'il a un grand nez. Et François Hollande ? Elles ne voient pas qui c'est !

Est-ce qu'elles aiment leur pays ? Elles préféreraient vivre en France. Elles adorent les parfums et les hommes français. Ce sont les plus beaux ! Elles n'ont pas vraiment voyagé, sauf dans un cadre professionnel, en Biélorussie et d'autres pays de l'Est. Elles aiment la culture française. Toutes ont lu Hugo, Balzac ou Dumas. Quant à la musique, Mireille Matthieu est toujours admirée, Patricia Kaas adulée, et Aznavour vénéré !

Quand je me déplace dans le couloir pour atteindre les toilettes ou le samovar, les gens me dévisagent. Une jeune fille sourit à chacune de mes allées et venues. Au départ, je prends cela pour de la moquerie. Jusqu'à ce qu'elle entame la conversation en anglais. Elle fait soudain preuve d'un enthousiasme débordant.

— Vous voyagez... *adna* ? ! Toute seule ? ! Jusqu'en Chine ? C'est-à-dire... la Chine ? Vraiment la Chine ? ! En train ? ! Vraiment... *adna* ? !

Elle est étudiante en art dramatique à Novossibirsk et mon aventure la fascine. Elle n'arrête pas de m'offrir du thé, du chocolat, veut m'aider à faire mon lit et ne me lâche plus d'une semelle ! Une vraie fan !

À côté d'elle, un jeune Russe me fait aussi des grands sourires. Il dessine un cœur virtuellement sur sa poitrine avec ses mains en me regardant. Il me demande mon âge puis répond : « *Nul !* » Je dois avoir quelques années de plus que lui mais quand même… Répète ça gamin ! Viens que je t'estourbisse ! Tu veux que je sorte ma kalachnikov ?! L'archipel du goulag, tu connais ?!

La soirée passe très vite, au rythme de discussions animées avec mes nouvelles amies.

Le lendemain matin, Leina, qui dormait sur la couchette du haut en face de moi, a un peu changé. Ses cheveux longs et blonds sont devenus courts et bruns. Son pyjama s'est transformé en caleçon et elle est un peu plus poilue. J'en déduis qu'un autre passager l'a remplacée pendant la nuit. J'ai dû finalement bien dormir, malgré la lumière de la veilleuse au-dessus de ma tête, le ronflement d'un Chinois dans le compartiment d'à côté et le grincement très agaçant d'un paquet de saumon fumé contre la vitre du train.

Le Transsibérien en troisième classe ? C'est une pyjama party géante avec une cinquantaine d'inconnus ! C'est comme à la maison. Les hommes en caleçon, les femmes en jogging, des pieds nus qui dépassent des couchettes…

Lorsque j'arrive à destination, mon jeune prétendant porte ma valise jusque sur le quai et toutes mes amies me font de grands signes à la fenêtre pour me dire adieu. Eh oui, facile de faire des rencontres quand on voyage… *adna* !

Comment survivre à une babouchka qui veut vous engraisser à Saint-Pétersbourg

« *Kouchaï ! Kouchaï !* Manger ! Manger ! » Liudmila, la babouchka qui m'héberge à Saint-Pétersbourg, me houspille pour que je mange encore. La joie du logement chez l'habitant, chez une vraie Russe, une vraie de vraie ! Je dors rue Kazanskaya, à deux pas seulement de la perspective Nevski. Ça n'est pas parce que la ville est construite sur des marécages que je dois toujours m'embourber dans des aventures dignes d'un roman de Dostoïevski !

Il est 22 heures, je reviens du restaurant Lénine Bar et Liudmila m'attend. Elle m'invite à la cuisine, je la suis poliment et tente d'expliquer que j'ai déjà mangé. Rien à faire, elle insiste.

— *Kouchaï ! Kouchaï !*

J'accepte, pour faire honneur, et me retrouve à goûter l'étrange mixture qu'elle a concoctée : des boulettes de viande baignant dans l'huile.

— Encore ! Encore !

Le dîner au Lénine Bar a été copieux et les boulettes grasses en dessert sont un peu de trop. Mais devant l'insistance de Liudmila, j'en prends une nouvelle cuillerée.

Je lui rappelle que j'ai déjà bien mangé au restaurant et madame s'énerve.

— Le restaurant ! Quel restaurant ? Pas besoin d'aller au restaurant ! Manger à la maison ! Pas bien le restaurant ! Trop cher le restaurant !

Je me couche l'estomac lourd, le ventre gonflé dans lequel baignent les horribles boulettes de viande. C'est chouette la Russie. Je commence à comprendre pourquoi certains écrivent des livres avec des titres comme *Crime et châtiment*...

Liudmila a pourtant l'air d'être une babouchka cool. 70 balais, allure sportive, vieux jean et T-shirt Benetton, cheveux très courts. Tous les jours, elle me propose d'épaisses tranches de saumon fumé et du salami.
— *Kouchaï ! Kouchaï !*
Ce matin, j'essaie d'être discrète pour la laisser dormir. Elle m'a montré où se trouvaient les aliments, alors aucun problème pour me préparer un petit-déjeuner. Mais le bruit de la bouilloire a dû la tirer de son sommeil. Elle accourt en robe de chambre, en braillant avec sa tête de sorcière. Je me fais disputer car je ne l'ai pas réveillée. Elle se précipite vers le frigo pour en extirper le saumon fumé, du fromage blanc, du pain noir, du miel, du sucre, du fromage à pâte dure sans goût et bien sûr, l'inévitable salami gras et écœurant.
— Des boulettes de viande ?
— *Niet. Spasiba.*
— *Kouchaï ! Kouchaï !*
Au moins, je n'aurai pas besoin de déjeuner.

Je sors me promener, charmée par les bâtisses grandioses du centre-ville. Je craque pour l'église de la Résurrection qu'on aurait envie de croquer tant elle ressemble à une pièce montée ou à un tas de bonbons colorés et sucrés. Mais, sans façon, je n'ai pas faim. Mais alors, pas du tout ! Je visite également l'Ermitage, le plus grand musée du monde, dans la plus belle ville du monde, dans le plus grand pays du monde. Avec les gens les plus chaleureux du monde, qui font tout pour qu'on ne manque de rien. En particulier dans l'assiette.

Après cette plaisante journée, je rentre dans ma demeure, rue Kazanskaya. J'ai décidé de m'abstenir du restaurant pour ne pas dîner deux fois et éviter de me transformer en poupée russe. Je suis pour le moment de la taille de la toute petite poupée qui se trouve à l'intérieur, mais à ce rythme, je serai bientôt la grosse qui englobe toutes les autres. Je n'ai qu'un fragile estomac de fille de l'Ouest, non habituée aux grands froids et à la nécessité de faire des réserves énergétiques pour affronter des températures de 30 °C au-dessous de zéro.

Liudmila m'attend avec impatience. Le couvert est mis.

— *Kouchaï ! Kouchaï !*

Je soulève le couvercle de la marmite : des boulettes... de pomme de terre. Ouf !

Elles baignent aussi dans un liquide huileux et consistant, mais ça semble un peu moins bourratif qu'hier. Surtout que je ne sors pas d'un Lénine Bar où je me serais déjà gavée de pelmeni, bortsch et pâtisseries russes.

Tiens, le retour du saumon fumé. Et voici le fromage, et voilà le salami. Du thé, du pain, des concombres.

Liudmila, de son côté, se contente de grignoter des feuilles de salade comme un lapin. Sans sauce, sans rien, elle croque les feuilles complètes, une par une, en m'observant manger.

— Vous ne prenez rien ?
— Je suis diabétique, répond-elle. Mais vous voyez, je suis bien, malgré mes 70 ans !

Elle est en effet particulièrement mince.

Le lendemain matin, c'est dimanche et j'ai envie d'une bonne grasse matinée, bien que l'adjectif « grasse » ne me plaise pas trop et me rappelle lourdement les précédents dîners.

Mais soudain, réveil en sursaut.

On frappe à la porte. Un coup d'œil à mon réveil : il est 8 heures.

— *Zavtrak ! Zavtrak !* Petit-déjeuner ! Petit-déjeuner ! Tu parles d'une grasse matinée…

— Merci mais je dors.

— *Zavtrak ! Zavtrak !*

— C'est dimanche ! Je dors !

Soudain, la porte s'ouvre en grand et Liudmila apparaît, s'écriant toujours :

— *Zavtrak !*

Je commence à détester cette vieille peau qui veut m'engraisser comme un canard et m'empêcher de me reposer le dimanche matin.

— Je dors !

Liudmila abandonne la partie et je traîne au lit toute la matinée. Quand je sors de la chambre, vers midi, je suis attendue. Ma diabolique babouchka fait des gros yeux, plus menaçants qu'un orage sur la Baltique, élève la voix et me fait comprendre que ce que je viens de faire, ce n'est pas bien, mais alors, pas bien du tout !

— *Zavtrak ! Zavtrak !* Il est midi !

— Et alors ?

— Et alors j'ai 70 ans, et j'ai préparé à manger !

Au menu : saumon fumé un peu moins frais qu'hier et encore moins qu'avant-hier, salami odorant, pain noir, confiture, fromage et restes de boulettes de pomme de terre.

Je n'en peux plus de ce salami !

Je m'enfuis pour aller découvrir l'ancienne forteresse Pierre et Paul. Je me dis qu'elle serait la cachette parfaite pour échapper aux « *Kouchaï !* » et aux « *Zavtrak !* ». J'ai l'impression d'être dans un camp de travaux forcés en Sibérie, condamnée à me goinfrer de saumon et de boulettes. Je suis pourtant en vacances, pour le plaisir, pas pour subir le contrôle d'un ancien agent du KGB alimentaire.

Je finis par craquer et ce soir-là, je dîne dans un restaurant italien, et apprécie un petit verre de vin de Crimée. Au retour, Liudmila dort. Miracle. Pas de *Kouchaï !*

Je me prépare un thé dans la cuisine, discrètement. Par hasard, j'ouvre le frigo. Toujours les mêmes ingrédients. La taille du salami et du saumon semble ne jamais diminuer et se renouveler comme le foie de Prométhée, prêt à engendrer de nouvelles souffrances. Par curiosité, j'ouvre également le congélateur. Je tombe sur des stocks entiers de viande congelée. Je croyais qu'elle ne mangeait que de la salade... Qu'est-ce que ça peut être ? Du bœuf ? Du sanglier ? Et si c'était de l'ours ?

Cette nuit-là, de lugubres pensées envahissent mon esprit. Et si cette viande était... celle des touristes que Liudmila avait hébergés et engraissés ?...

Comment prendre le Transsibérien avec des Russes qui sentent la bière et le poulet frit

Ah le Transsibérien ! Ce voyage légendaire ! Les grands espaces... La taïga... Les paysages grandioses... Le doux ronronnement du train... L'impression d'être une Anna Karenine sur les traces d'un amant perdu (enfin, sauf qu'elle finit sous le train, pas dedans), ou bien un Michel Strogoff, parti pour de grandes aventures... (c'est pas lui qui s'est fait brûler les yeux ?). Un trajet magique et romanesque... Jusqu'à ce que...

On a beau être en Sibérie, on crève de chaud ! Les hommes qui partagent mon compartiment suent et les gouttelettes dégoulinent le long de leurs joues pour achever leur course effrénée sur la tablette centrale, dans leurs gobelets en plastique remplis de bière ou de vodka. Ils s'essuient le visage avec des serviettes en papier, d'un geste peu glamour.

Leur portrait ? Un blondinet grincheux, l'air aussi blasé qu'un Russe après les élections. En face de lui, un homme dégarni, aux joues d'écureuil, vêtu d'un joli survêtement bleu marine qui lui moule les... Couchette supérieure en face : un jeune homme, polo rayé, aussi sexy qu'un évadé de prison. De l'autre côté de l'allée, un jeune Kirghize avec une bonne bouille et au-dessus, son frère qui ronfle comme la locomotive du Transsibérien.

Ah, la poésie du Transsibérien !
La fin d'un mythe...

Trois nouveaux gaillards, connaissances du garçon du dessous, se sont aussi incrustés, accompagnés de nombreuses bières.

L'homme en survêt ouvre une grande bouteille de vodka. La partage-t-il avec les autres ? Surtout pas ! Il la descend cul sec et s'endort comme un bébé.

L'un des zigotos, sorte de géant au regard vitreux, se lève et me demande ce que je fais. Il titube et retombe sur sa banquette avec la grâce d'un rhinocéros laineux.

Coincée sur ma couchette (du haut), je ne peux apercevoir que la cime des arbres et deviner quelques isbas qui passent furtivement. Le paysage ? Les joues couleur de bortsch de mes compagnons transpirants.

À Tioumen, vingt minutes d'arrêt. Les fameux compères achètent encore des bouteilles de bière de cinq litres. Ils apportent également un poulet très gras qu'ils dévorent goulûment avec leurs doigts sales.

Je tente un peu d'écrire mais le yéti du dessous, de plus en plus ivre, s'appuie sur ma barrière de sécurité, chancelant, le regard aussi expressif qu'un hareng fumé. Il prononce une phrase du genre : « Essaie d'écrire quelque chose de bien sur les Russes ! » Ben voyons mon gars, si je fais ton portrait, tu ne vas pas être déçu !

L'un des zozos écoute une chanson russe techno qui masque le ronronnement du train, avec des paroles en français très recherchées :

« Oulala… C'est comme-ci comme-ça. Je suis sur le toit. Je suis fou de toi… »

Ah le Transsibérien ! Ce voyage si romantique !

Entre odeurs de bière, de poulet frit et de transpiration et « musique » horripilante… comme ça fait rêver !

Je descends discuter un peu avec Anton, le blondinet au visage cramoisi. (Je n'ai jamais vu quelqu'un d'aussi écarlate !) Il sait compter jusqu'à sept en anglais. Merveilleux ! Mais le grand costaud ivre entreprend à nouveau de me parler. Il est soûl et soûlant. Je remonte sur mon perchoir. Il continue à m'importuner. Je me fâche. Il ne tient plus debout, se cramponne à ma rampe de sécurité. Je lui dis « *Davaï ! Davaï !* Allez ! Allez ! » Il continue à baragouiner son charabia mais a du mal à aligner les mots. Je ne comprendrais pas mieux dans ma propre langue ! Il insiste lourdement pour me faire partager ses pensées que je devine des plus profondes. Je hausse le ton. « *Vsio !* Ça suffit ! » Rien à faire. Je lui dis que je vais appeler la police. « *Vui choutitié !* Tu rigoles ! » me répond-il. Non, je ne plaisante pas. Mais pas de *militsia* dans le wagon. Elle est partout, sauf quand on la cherche ! Monsieur me chatouille maintenant les pieds. Je lui mets un coup de dictionnaire franco-russe sur la tête. Mais mon ouvrage est trop petit. Ou bien son crâne est trop gros. Ça sonne creux. Je cherche la *provodnitsa* (la responsable du wagon). Elle n'est pas là ! Tout le monde nous regarde. Une dame du compartiment voisin dit à Anton : « Ce n'est pas bien ! » Finalement, Anton et ses amis parviennent à convaincre le charmant monsieur de retourner dans son compartiment. J'en profite par la même occasion pour les mettre tous dehors. *Davaï ! Davaï !*

Comment rencontrer l'espion qui venait du froid

La radio diffuse une chanson de Joe Dassin. Je déjeune avec Nikolaï (un contact professionnel, chercheur en biologie) à la cafétéria d'Akademgorodok, la cité des savants russes, près de Novossibirsk. Vous situez Novossibirsk ? C'est une grande ville du pays de Tolstoï, plus laide que Quasimodo. Personne n'aurait l'idée de venir la visiter ! Personne ! Sauf les voyageuses petites, blondes et surtout, surtout... courageuses.

On pourrait lui décerner le diplôme de la ville la plus moche du monde. L'architecture se résume à des immeubles couleurs cafard et même le centre-ville ressemble à une banlieue. Ça donne envie de s'enfuir et d'aller siffler là-haut sur la colline. Sauf que là-haut, à part une statue de Lénine, il n'y a rien à voir.

Nikolaï m'explique qu'Akademgorodok est surnommée « Silicon Taïga ». Elle a été créée pendant la guerre froide par les meilleurs scientifiques russes de l'époque. Pourquoi au fin fond de la Sibérie ? Pour travailler dans un lieu calme à l'atmosphère romantique (tu parles...), où tous seraient libres de penser. Parfait aussi pour mener certaines recherches à distance suffisante de l'Europe. La ville compte maintenant soixante mille habitants et seize instituts de recherche. Une tripotée de prix Nobel en est sortie.

D'accord. Sauf que dans cette cafétéria, c'est un peu *Retour vers le futur*. J'aurais dû demander à ma grand-mère de me prêter une robe des années 1950, je me serais mieux intégrée au décor. La serveuse a un brushing digne des meilleures actrices de la série *Dallas*.

Je demande à Nikolaï : « Alors nous voilà avec les gens les plus intelligents de Russie ? » Ça le fait rire.

Je reste sur mes gardes. Je suis certaine qu'il y a encore quelques espions errants dans les couloirs en quête d'on ne sait quel secret ! Nikolaï me fait visiter les lieux et me présente quelques respectables personnalités. Divers chercheurs et directeurs d'instituts, très sérieux. Costards d'une époque révolue, yeux malins, sourires en coin. Je suis impressionnée. Je n'en dis pas plus sur mon itinéraire, il y a forcément des micros quelque part ! L'après-midi, il y a un pot de thèse. Je m'y retrouve invitée. C'est sympa de trinquer avec des prix Nobel. Ian Fleming et John le Carré devraient se sentir ici comme des poissons dans l'eau. Moi, moins. Je ne termine pas mon verre de pétillant. Il a un drôle de goût. Combien ici ont leur *licence to kill* ? Un grand gaillard au coin de la table, coiffé avec une raie sur le côté, me regarde toujours discrètement. Pas de doutes, il me surveille ! En tout cas, je pense qu'il faudrait se cotiser pour lui acheter un nouveau smoking. Je suis sûr que c'est un « méchant ». Il n'a pas une tête à travailler sur la physique des particules. En passant près de lui, je le salue quand même. « *My name is Katia.* » J'aurais préféré dire Bond, mais avec mon 1,57 m et demi, je n'ai pas le profil de la James Bond girl. Il reste de glace et ne répond pas.

Deux dames, l'une aux cheveux orange, l'autre avec un chemisier orné de taches roses et noires, se goinfrent de petits fours, au coin des deux, trois tables qui servent de buffet.

Un autre individu engage la conversation. Il trouve bizarre de voir une femme voyager seule. Heureusement que Nikolaï joue l'interprète car c'est une légende de croire que les espions parlent couramment français, bulgare et wolof. La plupart ne parlent même pas anglais. L'homme trouve également louche que je voyage ici juste pour le plaisir. Ça peut se comprendre... Heureusement, Nikolaï a des arguments. Un peu plus et je me faisais accuser d'espionnage industriel !

Il est temps de partir. Je salue les cerveaux russes avant d'aller prendre le bus. Tous ne me souhaitent pas bon voyage, mais... bonne chance ! Et puis certainement... de bons baisers de Russie.

Comment passer la frontière russo-mongole avec un Belge

Se rendre en Mongolie en train est tout de même plus rigolo que d'y atterrir bêtement en avion. Il faut juste un peu de patience. Après quelques escales russes, je prends un train d'Oulan-Oude, en Bouriatie, pour atteindre Oulan-Bator. Trente heures de voyage.

La responsable du wagon m'accompagne dans mon compartiment et m'informe que je vais me retrouver avec un Allemand.

L'Allemand se révèle être un Belge : Patrice, en partance pour un joli périple. Transsibérien direct de Moscou à Irkoutsk, quelques jours en Mongolie, la Chine, puis retour en Europe par le continent américain. Tant qu'à faire. Pourquoi rebrousser chemin alors qu'on peut rentrer en faisant le tour du monde ?

Je suis d'abord un peu déçue de me retrouver à parler français, d'autant plus que la cabine d'à côté est remplie de Suisses. Le voyage se banalise soudain. Il y en a d'autres comme moi. Plein d'autres ! Mais, tout compte fait, c'est reposant, d'autant que ma conversation en mongol est plus que limitée.

Le train a un charme certain avec ses rideaux jaune-brun. Désuet. Presque romantique.

Patrice se prépare un petit festin pour le dîner. Tartines de caviar et… saucisson. On croirait presque un Français !

L'ambiance à bord est assez curieuse. Dans les couloirs gisent des bustes de mannequins de femmes, nus. Oui, des mannequins nus dans le Transmongolien ! Ils sont en fait destinés à être habillés sur les quais pour présenter des vêtements vendus en Russie.

Des cubis de vin et des sacs remplis de toutes sortes de marchandises défilent. Les Mongols passent leur temps à ouvrir des cartons, à les vider, les plier, les planquer. Étrange manège. Pourquoi ce grand déballage ? On pourrait imaginer des contrebandiers en action ! Ce sont simplement des marchands qui se préparent à passer la douane. Leurs regards ne sont pas hostiles mais montrent peu d'intérêt. Ils ne sont pas là pour rigoler. Ils bossent, eux !

Je vais visiter le wagon-restaurant avec mon camarade belge. Nous croisons des Mongols au torse nu qui partagent vodka et plats cuisinés.

Nous passons devant les couchettes de première classe ; nous n'y apercevons que des étrangers. Et dans tous les autres compartiments, c'est le même cirque, les allées et venues des commerçants mongols.

Le wagon-restaurant ressemble à un décor de film. Banquettes bleues surmontées de fer forgé. Rideaux dorés. Petites nappes blanches sur les tables. Serveur au bar avec gilet rouge et nœud papillon. Nous commandons un morse, qui n'a rien d'un mammifère marin : c'est une boisson à base de baies sauvages.

Une atmosphère de voyage de noces. Mais... je voyage seule. Avec un Belge inconnu qui mange du saucisson.

Le cadre serait aussi idéal pour tourner un film tiré d'un roman à la Agatha Christie : *Le Crime du Transmongolien*, avec une belle galerie de personnages susceptibles d'être victimes. Ou assassins... Une *provodnitsa*. Des touristes suisses frauduleux. Des commerçants mongols crapuleux. Un Belge qui cache bien son jeu...

Nous approchons de la frontière. On m'avait prévenue que ça pouvait être laborieux. Jusqu'à dix heures d'attente. On se contentera de six.

On commence par s'arrêter deux heures pour laisser passer un train en sens inverse. Le temps d'observer les dernières isbas russes entourées de magnifiques potagers. Deux hommes plantent des pommes de terre, entre deux gros tas de foin fauché à l'ancienne. Un troupeau de vaches se promène dans le village. La frontière arrive. Le train stoppe et c'est le début de la fameuse grande attente. Les douaniers ramassent tous les passeports. Après quelque temps, on nous donne l'autorisation de descendre du train.

Nous sommes à Naouchki. On sait juste que c'est une gare russe parce qu'elle est toujours très coquette et ne peut s'empêcher de faire la grande, même si elle est toute petite. Les gens se dégourdissent les jambes sur les pavés rouges et jaunes. Les *provodnitsas* se tiennent à l'entrée des wagons, élégantes dans leurs tenues de travail, chemisiers et jupes de tailleur. Le temps est suspendu entre deux mondes.

Vient le moment où tout le monde remonte à bord. Je suis le mouvement. Les douaniers nous rendent nos passeports. Quand, soudain, le calme est brisé. Arrivée brutale et fracassante des services antidrogue avec un chien.

Moment très impressionnant. Excitation du cabot qui renifle partout. Voix élevée des hommes en uniformes. Le chien s'agite, les hommes aussi. On se fait tout petits. Il vaut mieux être gentil avec eux ! La tension monte, c'est l'effervescence dans le wagon. Ça s'agite, ça piaille, ça braille. Les portes des compartiments s'ouvrent brutalement, les voix s'élèvent, les regards tuent. La chantante langue russe devient féroce. Inquisitrice. C'est l'ébranlement dans le havre de paix qu'est normalement ce train. Ça se bouscule, ça s'échauffe. Imaginez un contrôleur russe rustre ou une guichetière aimable comme une porte de prison… vous n'avez rien vu ! On se croirait dans un vieux film d'espionnage avec des agents du KGB zélés, prêts à vous faire subir les pires tortures au moindre détail un peu louche…

Le chien surexcité au flair puissant s'arrête sur le sac à dos de mon voisin belge. Les hommes attendent, interrogateurs. Le chien a l'air très intéressé. Frayeur. Qu'y a-t-il dans ce sac qui peut tant attirer son attention ? Je m'imagine un instant en présence d'un trafiquant belge. On le prendrait facilement pour mon compagnon puisqu'il parle la même langue et vient d'un pays voisin. Je vais probablement terminer ma nuit en cellule avec lui après un terrible interrogatoire. La prison russe ne me tente pas vraiment. On pourrait m'envoyer en taule à Vladimir avec les pires criminels du pays, ou me condamner aux travaux forcés dans un camp de Sibérie. Ma seule issue serait de séduire mes bourreaux en leur chantant une chanson de Mireille Matthieu ou de Joe Dassin. Ils craqueraient, j'en suis sûre ! Émus, ils me libéreraient immédiatement. Quant au Belge, le pauvre, il resterait dans une terrible situation. Il pourrait toujours expliquer que la Belgique est un département français. Mais s'il comptait sur le gouvernement belge pour régler son cas, il en aurait encore pour quelques années…

Sauf que ce qui semble tant intéresser le clébard n'a finalement rien d'illicite : c'est le saucisson ! Nous voilà rassurés mais… nouveau branle-bas de combat ! Arrivée tapageuse d'un autre homme avec un autre chien. Ça ne rigole pas. Ils pénètrent dans le compartiment, le cabot renifle partout, ils ressortent. C'est tout. Pas d'autre alerte au sauciflard !

La quiétude semble presque revenue. Mais c'est le calme avant la tempête : nouvel embrasement du Transmongolien quand entrent d'autres types, encore une fois peu commodes. Ils nous interrogent, on ne comprend rien. On bafouille quelques mots d'anglais et de russe. Ils soulèvent les banquettes et inspectent le compartiment à bagages situé au-dessus de la porte. La séance de perquisition dure un moment, mais nos sacs ne sont pas ouverts. On ne doit pas avoir l'air bien méchant. Et que pourrait-on rapporter de Russie ? De la drogue camouflée dans des poupées russes ? Comme dans le thriller américain *Transsiberian*, de Brad Anderson, avec Woody Harrelson. Un pauvre couple d'Américains se retrouve dans une piètre situation lorsqu'un passager cache dans leurs bagages de la drogue dissimulée dans des matriochkas. Les policiers russes n'apparaissent pas gentils-gentils… Sueurs froides assurées ! Un film presque drôle pour qui a déjà voyagé en Transsibérien, mais à déconseiller à vos proches, famille, amis ou autres personnes sensibles prêtes à faire les pires cauchemars en vous imaginant seule dans ce train ! Heureusement pour nous, tout finit mieux que pour les héros du film. Les douaniers s'intéressent plus aux commerçants mongols. La nuit est tombée. Après des heures d'attente et de contrôle, le train repart enfin, traverse la frontière et s'éclipse dans la noirceur nocturne de la Mongolie.

Au petit matin, le monde a changé. Ça y est. Je suis de l'autre côté. Un côté immédiatement différent. Un autre pays s'éveille et l'ancien a disparu avec ses isbas.

Les vastes steppes jaunies s'étendent si loin qu'on a l'impression d'être au milieu du désert. Où sont les arbres ? Où sont passées les forêts de Sibérie ? Évanouies dans la nuit.

Aux premières lueurs du jour, Oulan-Bator apparaît dans la grisaille des fumées des usines aux alentours. Arrivée à 7 heures du matin. C'est le début de nouvelles aventures. Je vais chercher un lieu où dormir et mon ami belge poursuit sa route... avec son saucisson.

CHINE

La Chine, la Chine ! Que savais-je de la Chine avant d'y voyager ? Eh bien… j'avais rêvé du Transsibérien, j'avais rêvé du Transmongolien… mais la Chine ? Grande Muraille et Cité interdite, nouilles sautées et produits *made in China*, langue parlée comme du petit-chinois, Confucius et guerre de l'opium, porcelaine et portraits de Mao, tai-chi et pagodes, pandas et barrage des Trois-Gorges !… Je me voyais, perdue entre des nuées de bicyclettes, manger du tofu à chaque repas, perfectionner mon usage des baguettes, tenter de pratiquer la langue des signes pour me faire comprendre, traverser des forêts de bambous et des jardins de bonsaïs, boire du thé et encore du thé… Je n'imaginais pas grand-chose en fait. Le pays a l'avantage d'avoir comme capitale Pékin, ville d'arrivée de la variante du Transsibérien. Voilà comment j'ai atterri en Chine ! Et puis Pékin, ça n'était pas assez. Ça n'est jamais assez ! Je n'allais pas m'arrêter là. Continuer la route. Fuir la capitale. Sillonner le pays. Descendre vers le Sud. Après la traversée de la taïga, après la traversée des steppes, j'ai traversé les montagnes du Yunnan ! Je ne connaissais pas le Yunnan. Je rêvais de sommets vertigineux, c'est tout. Je rêvais de gratte-ciel autres que ceux de Shanghai, des grandioses monts rocheux aux portes du Tibet. Et puis, comme il fallait bien rentrer – pourquoi d'ailleurs ? –, j'ai pris un vol retour de Hong Kong, où les tours de béton et de verre ont supplanté les rocs abrupts d'une Chine plus sauvage.

La Chine, la Chine ! Je ne connaissais rien de la Chine. Et je ne savais pas encore qu'elle me donnerait ce goût de l'Asie. Ce goût que l'on ne peut oublier, des parfums de Pékin aux couleurs du Sichuan, une empreinte corsée ou une trace dorée. Un goût si épicé, qui jamais ne peut laisser indifférent, une autre saveur du temps, dans un monde où le passé revient au galop, malgré tous les efforts de la modernité pour l'engloutir.

Comment trouver des yuans et des toilettes dans le fin fond du désert de Gobi

Ma situation me semble aussi incongrue que des baguettes chinoises pour couper un bifteck. Ou qu'une baguette française pour saucer un bol de tofu. Où aller ? J'interpelle différents passants mais personne ne parle anglais. Un instant de solitude.

Il est 11 heures du matin et je viens d'arriver en bus à Erlian, une ville chinoise au milieu du désert. Objectif : en repartir dès que possible ! C'est une sorte de no man's land, pourtant hyper moderne. Ville neuve et propre, larges avenues à l'américaine. Une sorte de Las Vegas, sans casinos, sans touristes, sans lumières, sans Céline Dion. Autour : rien. Le néant du Gobi. On y a juste retrouvé des squelettes de dinosaures. Je ne connais qu'un mot dans la langue du pays : « *Ni hao*. » Avec l'intonation qui va bien. Descendante. Et je n'ai pas un yuan...

Je n'ai pas envie de finir ma journée dans cette vulgaire gare routière. Un hall sinistre, des chaises en plastique mélancoliques, un gardien qu'il faudrait dérider. Mais soudain, ouf ! Mon sauveur surgit, aussi vite que l'éclair, sur son fier destrier (une vieille mobylette). Un jeune homme apparaît, parle un peu la langue de Shakespeare et me propose de me déposer à la gare ferrovière. C'est gentil mais... je suis trop européenne pour tenter l'acrobatie avec mes bagages sur son deux-roues. Une nuée de chauffeurs de taxi se ruent alors devant moi, frétillants comme des carpes. Tous veulent m'emmener, tous ! Une vraie star ! Enfin... calmons-nous. Je ne suis pas sur les marches du festival de Cannes, mais sur celles d'une pauvre gare routière au pays du kung-fu. En fait, je suis juste une étrangère blonde, parfaite bonne poire. J'en choisis un au hasard. Le jeune homme traduit : je dois aller à la banque puis à la gare.

Le taxi s'arrête près d'un marché d'où accourent en braillant un groupe de femmes agitant des liasses de billets. Non, je veux trouver une *vraie* banque ! Demi-tour. Après avoir fait la queue au guichet, on me dit que la banque ne change pas d'argent mongol et qu'il faut aller dans la rue... près du marché ! Logique dans une ville frontière... De retour au marché, le petit troupeau de femmes réapparaît, piaillant comme les poules vendues sur les étalages derrière elles. Elles s'extasient devant mon « gros » billet : 20 000 tugriks. Comme si elles allaient faire fortune. Cela doit correspondre à une petite douzaine d'euros. Elles me rendent l'équivalent de 8 euros en yuans.

Le taxi me dépose enfin à la gare. Je poireaute au guichet et... surprise : il n'y a pas de train pour Pékin aujourd'hui ! Tout ça pour ça...

Deux heures plus tard, retour donc à la case départ, la gare routière, avec un nouveau taxi.

Voyager, c'est parfois perdre son temps, bêtement, à tourner en rond. Parfois, tout cela mérite le détour. Parfois, rien n'est vraiment magique. Il ne faut pas croire que le voyage est une exaltation perpétuelle, un émerveillement sans fin, une succession de découvertes et de rencontres. Les écrivains zappent. Les touristes mentent. Il ne faut pas décevoir. Il faut faire croire qu'un tour en taxi à Erlian est beaucoup plus extravagant qu'un tour en taxi à Paris, qu'un bus chinois est bien plus trépidant qu'un bus français. Et que les petits Chinois sont bien plus fascinants que les Français moyens.

Mon objectif suivant est tout aussi passionnant : trouver des toilettes. Basique préoccupation qui ne fait peut-être pas trop rêver le lecteur... Mais quand on est une fille et qu'on voyage seule, on n'a pas envie d'aller se cacher derrière un arbre. Surtout qu'ici, il n'y a pas d'arbres.

On m'imagine certainement, grande voyageuse, arriver le cœur battant aux portes de l'Asie, fière et heureuse, émue de me savoir à l'aube de nouvelles rencontres. Presque la larme à l'œil, je devrais être bouleversée, prête à vivre de grands moments, les sens en éveil, ouverte à tous les petits détails qui m'entourent, captivée par cette ville neuve, ce peuple différent et tout ce qui fera la beauté de ce fabuleux voyage...

Sauf que là, maintenant, je n'ai qu'une envie : pisser !

Je songe à la pyramide des besoins de Maslow, le psychologue qui a étudié la motivation. Cinq niveaux. Le premier, au ras des pâquerettes, consiste à accomplir ses besoins physiologiques. Boire, manger, dormir, respirer, se reproduire. On peut ajouter uriner. Viennent ensuite les besoins de sécurité. Tout va bien de ce côté-là. Rien de menaçant à l'horizon ! Suivent les besoins d'appartenance et d'estime. Là, c'est une autre affaire... Ici, je n'appartiens à rien, à aucune famille, à aucun groupe social. Quoique la « reconnaissance » ne soit pas très loin : je fais toujours figure de curiosité. Le haut de la pyramide ? L'accomplissement personnel. Nous y voilà. L'essence du voyage. Le dépassement de soi... Mais là, je suis tout en bas de la pyramide. Besoin urgent !

Toilettes fermées à la gare routière. Je me rends dans le snack d'à côté, commande une soupe de nouilles à l'aspect indéterminé dans le seul but de pouvoir accéder aux toilettes. Mais on m'explique qu'elles ne sont pas praticables. Problèmes d'eau. J'essaie un autre boui-boui au coin de la rue. W-C fermés. Je tente d'entrer dans un petit resto traditionnel : idem. J'en essaie un autre et la mamie qui tient l'échoppe est toute contente de m'annoncer que je peux traverser la rue et en trouver. Je traverse. Rien.

Je tombe enfin sur un café-restaurant plus « classe ». Et là, miracle ! Le serveur me montre la direction de l'objet de ma quête. Toujours pas d'eau. J'oubliais qu'on est en plein désert... La déco est originale. Le mur de la pièce est recouvert de photos de jeunes femmes très dénudées, avec d'optionnels dessous affriolants. Chic, la Chine !

Comment manger des crevettes dans le Yunnan

La Chine est un paradis culinaire et on pourrait facilement en faire un roman. Tester les nombreuses spécialités locales ne manque en effet pas de piquant.

Je ne partagerai pas ici mes nombreuses découvertes gastronomiques. Je ferais des envieux, des jaloux, des curieux, des dégoûtés, des affamés, des avides, des saliveux, des écœurés et d'autres encore qui ouvriront grand les yeux, étonnés, ravis ou chagrinés de m'imaginer manger ceci ou cela. En regardant mes photos de voyage, les gens poussent sans arrêt des « oh », des « ah », des « mmhh » ou des « hhggg ! », alternant admiration et dégoût. La répulsion que suscite la vision de grenouilles « épluchées » vivantes succède aux regards ahuris devant des plats délicieux, colorés et que l'on devine succulents et d'un raffinement parfois insoupçonné. Poulet aux herbes, ragoûts de chien, riz gluant, bœuf au citron vert, poisson au vinaigre, ailes de poulet à l'estomac de chèvre et aux champignons, jambon de Xuanwei, œufs de pigeon, j'en passe et des meilleures. La liste des spécialités du Yunnan ferait des pages.

Je me contenterai de raconter ici une petite histoire de crevettes.

Dali, Yunnan. Une ville charmante et agréable, bien qu'un peu trop touristique. Au pied des montagnes, une vue superbe sur les alentours, de belles pagodes, la population locale en tenue traditionnelle, et tout et tout. Tous les clichés qui font rêver de la Chine, réunis en un seul lieu. « Mérite le détour », dirait-on dans les guides touristiques. Je dirais même plus : « incontournable si vous visitez la Chine ».

Un dédale de ruelles à l'architecture admirable, des murs blanchis et peints de motifs stylisés, d'élégantes toitures en ardoise en forme d'ailes d'hirondelles, des rues pittoresques qui grouillent de vie, de vieux remparts, des jardins mignons et des cours secrètes… Un vrai décor de *Tigres et Dragons*.

Il faut juste éviter la rue *Yangren*, surnommée « rue des Étrangers ». Comme son nom l'indique, c'est la rue des touristes. Il y a pire, certes. On est encore loin du tourisme de masse de la *West street* de Yangshuo, mais quand même. Si vous cherchez à boire un cappuccino ou à manger une pizza, c'est parfait. Sinon, fuyez cet endroit.

Pour se nourrir en Chine, c'est facile. Nul besoin de chercher à se préparer des petits plats. On trouve de tout, n'importe où. Il existe une quantité phénoménale de restaurants, on mange aisément dehors. Seul obstacle éventuel, la langue.

J'entre ainsi un jour au hasard dans un restaurant aussi modeste qu'appétissant. Comme dans la plupart des gargotes de Dali, les produits sont exposés devant l'échope. Ça donne déjà une petite idée de la marchandise. C'est parfois presque un mini-marché que l'on trouve à l'entrée, avec fruits, légumes, étalage de viande et bacs où tournent en rond les poissons qui attendent leur heure.

Je m'attable dans cette gargote et l'on m'apporte vite le menu. En chinois bien sûr. Plouf-plouf… je commande au hasard un dîner surprise !

On me sert un plat de crevettes épicées et du riz. Les crevettes sont minuscules. Si naines qu'il n'y a quasiment rien à se mettre sous la dent ! Je tente d'en décortiquer quelques-unes, sous l'œil attentif de mes voisins, une famille de Chinois émerveillés par mon assiette. Ils me font sans cesse de grands sourires, prononcent des « *good ! good !* » en levant le pouce en guise d'approbation, montrant un enthousiasme débordant.

Oui mais... il n'y a rien à manger ! Je regarde mes crustacés, penaude. Mes voisins semblant s'extasier devant mon mets, je fais un effort supplémentaire de décorticage, pour arriver à remplir chaque fois l'équivalent d'un quart de petite cuillère.

« *Good ! Good !* » Je m'efforce de sourire et réponds : « *Yes, very good...* » Après quelque temps, j'abandonne la tâche et me contente de mon bol de riz. « *Good ! Good !* » Tu parles.

Le lendemain, je choisis une autre adresse avec menu en anglais (tricheuse...). Je commande du fromage de chèvre pané. Du bon fromage des montagnes du Yunnan.

On aurait tort de se vanter d'avoir en France les meilleurs fromages du monde. Certes, mieux vaut ne pas consommer du Munster à Dali, mais côté chèvre, rien à redire ! Délicieux ! De l'excellent lait des bonnes biquettes qui ont crapahuté sur les pentes des grandioses monts enneigés. *Good ! Very good !*

Je suis cependant intriguée par l'étrange plat choisi par mes voisines. Deux copines chinoises s'offrent un petit tête-à-tête, séparées par un grand saladier recouvert d'une assiette. À l'intérieur, ça gigote. Les filles papotent, indifférentes à l'action qui se déroule devant elles. Que peut-il bien y avoir dans ce saladier ?

Je prends mon temps pour déguster mon chèvre, afin de ne pas manquer le spectacle d'à côté.

Enfin, elles soulèvent l'assiette, plongent les mains dans le récipient et en ressortent les choses frétillantes. Ce sont... de grosses crevettes ! Vivantes donc. En pleine forme, même ! Bien plus grosses que celles que j'ai pu tester la veille. J'observe la scène. Une douce main tient la bête. Mais très vite, la main n'est plus si délicate et les manières de la Chinoise ne sont plus si élégantes. Goulûment, elle met la bête entière dans sa bouche, mastique très bruyamment et recrache vulgairement la carapace, me révélant du même coup le mode d'emploi local pour la dégustation de crevettes...

Good ! Very good !

Comment survivre aux crachats des Chinois

Il ne faut jamais voyager en Chine la première semaine d'octobre. C'est l'une des rares semaines de congé des Chinois, et beaucoup partent en vacances. Pas tous, même loin de là, mais un petit pourcentage suffit pour donner des millions de voyageurs ! Trouver un billet de train n'est donc pas une mince affaire.

À Pékin, je fais la queue à la gare de Beijing Zhan, seule étrangère au milieu d'une nuée de Chinois. Les voilà les millions de Chinois... et moi et moi et moi... J'y pense, mais je n'oublie pas du tout, surtout pas quand soudainement... je l'entends ! Ça y est. C'est inévitable. Ça arrive, encore et encore. Cette chose à laquelle il faudra se faire. Même si on ne s'y fait jamais vraiment. Ce geste. Ce bruit. Ce comportement. Ce truc incompréhensible pour une bête occidentale. Malgré la meilleure volonté du monde. Une tradition, une coutume, comment appeler ça ? Quelque chose que tout le monde pratique. Hommes et femmes. Jeunes et vieux. Ça commence par un raclement de gorge. Bien rauque. Très profond. Plus c'est sonore, mieux c'est ! Juste ce bruit, et là, déjà, le dégoût émerge en nous. La peur de la suite. On sait que ça va arriver, que ça va sortir. On est prévenu. Et ça vient ! N'importe où. À n'importe quel moment. Ça jaillit sans artifices, dans une fabuleuse expectoration sonore.

Le crachat ! Les incessants et inévitables crachats des Chinois !

Je pense encore au beau Chinois de *L'Amant* de Duras, dans le film d'Annaud, arrivant sur les rives du Mékong dans sa voiture de luxe, son costume sombre et son charme fou, et je l'imagine se racler soudain la gorge avant de cracher aux pieds de la jeune Marguerite. Moins sensuel comme ça.

Après plus d'une heure de queue, l'hôtesse de gare, atrabilaire, m'informe que tous les trains sont complets au moment où j'aurais voulu partir. J'avais espéré faire une petite escale à Pingyao ou à X'ian, mais impossible. Pour Pingyao, l'hôtesse me propose une place debout. Douze heures debout ? Ça ne me tente pas trop.

Je me contenterai d'un trajet direct Beijing-Chengdu, trois jours après la date voulue, mais en place assise. Durée du voyage : vingt-quatre heures. Ça ne va pas être « Pékin Express » !

Le jour J, j'attends le bus pour me rendre à la gare. Suis-je aussi transparente qu'une soupe de nouilles ? Personne ne s'arrête ! Heureusement qu'un vieux monsieur en pousse-pousse finit par me prendre. Et il pédale vite ! Les cyclistes du tour du France devraient plutôt se doper au ginseng. Ça marche !

Dans le train, je chevauche gens et bagages pour parvenir à mon siège. Enfin assise, je ne peux plus bouger. Je ne veux plus bouger. Je me sens aussi à l'étroit qu'une crevette emballée dans un rouleau de printemps. Vive les voyages !

En face de moi, un homme à l'âge incertain, maigrichon et cracra, à la voix si aiguë qu'on dirait une aigrette à laquelle on arrache les plumes avant de la passer vivante à la casserole. Il parle tout seul et son nez coule sans arrêt. La morve jaillit en cascade sous ses narines. Il ne sait pas où mettre ses pieds et n'arrête pas de se tortiller et de se plaindre. Dans ma tête, je me plains aussi. Qu'est-ce que je fais là ? Quelle merveilleuse idée ai-je eu de m'aventurer dans ce train ! On ne m'y a même pas obligée !

J'essaie de me convaincre que c'est intéressant, que le voyage est avant tout une expérience... Mais je me découvre piètre voyageuse, petite nature et geignarde !

Et voilà que le vieux en face finit par se coucher par terre et... non ! Pas ça ! Il bave sur mon sac à dos posé entre mes pieds ! Rester calme... Ne pas craquer... Contenir l'envie de lui décocher un coup de pied dans son nez poisseux. Adopter une philosophie taoïste et pacifique... J'essaie de me réconforter en regardant le paysage. J'aperçois un temple en hauteur avec de grandes statues bouddhistes dorées. C'est bien aussi le bouddhisme. Mais est-ce que Bouddha crachait partout, lui aussi ?

À ma gauche, un jeune homme plutôt sympathique au visage rond comme une pleine lune (un peu de poésie dans ce monde de brutes), essaie de faire connaissance :
— *Where are you from ?* me demande-t-il.
— France !
— *Where is it ?*
Soudain, le revoilà ! Forcément. Quelle naïveté d'avoir imaginé qu'il allait disparaître ici ! Je l'entends. Guttural et brutal, il s'exprime avec plus d'enthousiasme qu'un Johnny prêt à allumer le feu. L'éternel raclement de gorge. Le cri du dragon qui s'apprête à cracher sa flamme. Mais... ce n'est pas une flamme qui surgit de l'appareil buccal de cet homme. C'est bel et bien une glaire ! Une glaire visqueuse à souhait qui décorera l'allée du train, si elle ne termine pas sur la valise déjà collante d'un voyageur. Elle est l'œuvre d'un type debout qui ne va pas s'arrêter en si bon chemin et continuera à cracher pendant tout le trajet.

Le son du crachat s'intègre cependant plutôt bien à la musique techno assez désagréable diffusée dans le wagon, rythmant ainsi le trajet de notes graves et râpeuses.

Un autre homme en face de moi crache sans cesse dans un sachet plastique. Écœurant. Mais au moins a-t-il été prévoyant et évite-t-il ainsi d'offrir à la vue de tous la consistance de ses exsudats personnels. Il met aussi ses doigts dans son nez. Charmant. Il se triture les narines, observe ses trouvailles tout en mangeant des biscuits. Miam miam…

Et voilà qu'un autre lascar dans l'allée, qui a fini sa soupe après l'avoir mangée à la chinoise, en faisant le plus de bruit possible, nous fait l'honneur d'un magnifique rototo.

Tiens, un raclement de gorge un peu plus aigu que d'habitude. Mollard généreux d'une jeune femme debout.

Mon voisin se cure le nez avec un morceau de papier toilette. Du progrès !

Les gens dans l'allée me regardent souvent. La Martienne perdue dans ce train. La blonde qui ne renifle pas. L'étrangère qui ne crache pas.

Cet agréable trajet qui devait durer vingt-quatre heures en prendra vingt-huit. Mon voisin me demande si je sais où je vais dormir et s'assure que je ne vais pas rester perdue dans Chengdu. J'ai eu de la chance finalement. Au moins un voisin serviable et pas trop barbare. Le seul du wagon qui a désappris l'usage du crachat, une sorte d'illettré de la glaire !

Comment se régaler de tofu dans le Sichuan

Chengdu, au cœur du Sichuan. Voici encore des noms qui glissent, qui plaisent, simples et fluides, au doux chuintement chinois. Chaleureux, au charme discret, un chant quelque part en Chine. Panache des lieux où l'on chemine parfois.

Chengdu n'est pas Shanghai, elle est moins ostentatoire et, pourtant, elle est déjà loin du balbutiement de la Chine nouvelle. Elle s'impose aujourd'hui, solide et besogneuse, prête à sortir indemne du tourbillon d'un pays à l'avenir faussement débridé.

Côté culinaire, Chengdu est généreuse. Un enchantement pour les gourmets. Opulence des menus dans les restaurants, influences variées de tous les recoins d'une immense province, mélanges d'épices infinis et improbables. Infinité de succulences qui font clignoter les papilles, saveurs exquises parsemées de mystère. Plats à la finesse émouvante, guirlandes de surprises détonantes ou réconfortantes. Subtilités qui nous mènent sur les rives de l'abandon.

Ma première expérience à Chengdu n'est cependant pas très concluante. Arrivée à 23 heures après un chaotique voyage en train, je me rends dans le premier boui-boui que je trouve, en face de mon hôtel. Le décor m'incite à commander quelque chose de simple : du riz cantonais.

Toiles cirées huileuses et auréolées de multiples échantillons du menu, sol parsemé de grains de riz, restes de légumes frits et de viandes défraîchies, serveur ayant perdu l'usage du sourire, blattes qui cavalent sous les pieds branlants de ma table... La vue sur la cuisine est le clou du spectacle : amoncellement abracadabrantesque de vaisselle sale et murs pisseux recouverts d'une épaisseur de graisse défiant l'imagination.

Un homme entre, crache par terre à côté de ma chaise, et achève de me couper l'appétit. Mon bol de riz à peine entamé, j'abandonne le sympathique jeune Chinois qui a engagé la conversation à la table d'à côté pour rentrer trouver le sommeil dans un vrai lit.

Le lendemain matin, je découvre enfin les charmes de Chengdu. Je déjeune dans le restaurant de l'hôtel de bonne catégorie qui réserve quelques chambres de classe inférieure pour la *guesthouse* bon marché où je loge. Dans la salle à manger : nappes nickel et colorées, déco surchargée, familles nombreuses attablées, thé à volonté.

Chuchotements et sourires des serveuses à mon arrivée. L'une d'elles se précipite pour me faire asseoir, prononçant d'incessants « *sorry* » comme si elle avait à s'excuser de quelque chose. Elle est en fait toute fofolle de servir une Européenne.

Le menu est indéchiffrable. Heureusement, quelques photos donnent une idée des plats. De leur allure seulement. Difficile d'imaginer ce que peuvent contenir les larges assiettes dans lesquelles baignent, dans des jus rougeâtres, des morceaux d'aliments à l'origine incertaine. On dirait presque des tableaux d'art contemporain. Des taches, des formes, des textures, dont seuls les initiés peuvent percer le secret.

Je choisis au hasard une photo qui m'inspire confiance. Petites épaves que l'on peut supposer être de la viande, sauce liquide aux tons joyeux. La serveuse me le déconseille. « *Too spicy ! Too spicy !*

Sorry ! » J'aime les épices mais décide de suivre les conseils de la demoiselle. Elle me suggère un autre plat à l'aspect indéterminé. « *Tofu ! Very good !* »

D'accord, les jeux sont faits.

Que dire du plat chéri qui arrive alors ?

Je découvre que le tofu, autrement appelé « fromage de soja » et réputé totalement insipide dans nos fades contrées européennes où on ne sait le préparer, peut être la base d'une recette des plus étourdissantes. Merci encore au talentueux cuisinier qui l'a concoctée. Je regrette de n'avoir pas demandé à le rencontrer pour qu'il me dévoile quelques secrets mais, de toute manière, j'aurais été bien incapable de comprendre son langage.

Grâce à un savant mélange d'épices, et même si ce plat est censé n'être pas trop relevé, il brûle juste ce qu'il faut. En fait, je viens de faire une découverte incroyable : l'art de maîtriser l'usage du piment ! Si celui-ci n'est souvent utilisé qu'en tant qu'exhausteur de goût, supposé donner quelques chaudes sensations mais masquant parfois par son caractère les autres notes du plat, je me rends compte pour la première fois de ce qu'il peut signifier. Et pourtant, je mange des plats épicés depuis des années.

Là, le piment est si parfaitement dosé qu'il semble mettre en valeur et illuminer chacun des autres ingrédients, avec une subtilité redoutable. Le mets semble avoir été conçu comme un parfum, avec des notes de tête toniques et volatiles, un coup d'éclat, une bombe à retardement qui préfigure la suite, des notes de cœur, enivrantes qui perdurent sur le bout de la langue, et des notes de fond, intenses et puissantes, pour former une alchimie complexe et détonante.

Qui aurait cru que le tofu pouvait mener à l'extase ?

INDE

« À quoi sert de voyager si tu t'emmènes avec toi ? C'est d'âme qu'il faut changer, non de climat », disait Sénèque. Voilà une phrase magnifique que devrait faire sienne chaque voyageur. En tout cas, elle s'applique parfaitement à l'Inde. On y change non seulement de climat mais surtout d'âme ! On s'y sent tellement dépaysé et paumé qu'on a l'impression de s'être réincarné en poule ! C'est le pays idéal pour se remettre en question, prendre du recul et voir le monde autrement. Tout intrigue, fascine, déboussole, émerveille ou écœure. J'y ai réalisé un séjour d'écovolontariat sur les côtes de l'État du Karnataka, avec un projet d'information sur les tortues marines, précédé d'un périple… mouvementé.

Comment passer pour une extraterrestre dans une gare indienne

Tout le monde me regarde ! Je sors de l'avion, prends un taxi, laisse mes affaires à l'hôtel, manque de me faire renverser par dix mobylettes, deux camions, un bus, trois rickshaws, quatre vélos, deux vaches. J'évite des chats maigrichons comme des rats, des rats, des chiens baveux qui ne vivront pas vieux, des vieux sur les trottoirs, des déchets, des merdes de chiens, de vaches et d'humains. Bangalore est une ville de dingues !

Tout le monde me regarde, oui ! Normal. Sauf que ce ne sont pas de simples coups d'œil furtifs, ce sont des regards lourds et insistants. Les gens se retournent dans la rue, certains se plantent carrément devant moi et m'observent de leurs yeux sombres comme si j'étais une étrange créature venue d'un autre monde.

Vous voyez la Martienne dans *Mars Attacks* ? La blonde bien coiffée ? C'est moi !

Hello ! Welcome ! Certains me saluent, me souhaitent la bienvenue, d'autres veulent me prendre en photo. Vive la célébrité ! J'ai une pensée furtive pour les pauvres stars qui ne peuvent sortir de chez elles en toute sérénité. Enfin ici... je pourrais tout autant être Marilyn qu'E.T., aucune différence.

Je n'ai qu'une envie : fuir !

Je fonce à la gare pour trouver un billet pour Mysore, « petite » cité d'un million d'habitants. Mais parvenue dans le hall, au secours ! Une vraie fourmilière, termitière ou galère ! Une foule de gens s'agglutine aux guichets, ce qui représente une dizaine de files d'une cinquantaine de personnes. Et à mon arrivée, tous se retournent. Tous ! Imaginez cinq cents regards tournés dans votre direction ! Comme s'ils avaient vu une apparition. Mille yeux fixés sur vous ! J'ai vraiment l'impression d'être une martienne. Plus E.T. que Marilyn finalement…

Je ne suis pourtant pas dans un petit village perdu dans la brousse, mais dans une métropole de plus de huit millions d'habitants, réputée être la « Silicon Valley indienne ». Les gens doivent déjà avoir vu des Blancs, non ?
Je me précipite vers le guichet réservé aux étrangers. Là, les hommes, d'une grande galanterie, me bousculent et me doublent sans arrêt.
Je ne fais pas le poids. Enfin, le poids si – ils doivent peser 50 kilos tout mouillés – mais le nombre, non !
Je change de guichet et patiente à celui réservé aux femmes et aux handicapés. Même file ! C'est vrai qu'être une femme en Inde est un peu un handicap.
Particulièrement quand on est blonde, petite et pas très glorieuse…

Comment se débarrasser d'un Indien plus collant qu'un naan au fromage

Ah… les voyages en solo en Inde, comme c'est agréable !

Telle une Indiana Jones au féminin, j'ai visité un temple maudit – et surtout maudit cette habitude d'enlever ses chaussures à l'entrée car les retrouver est plus périlleux que de manger de la cervelle de singe. J'ai fait quelques expériences culinaires douteuses et les bactéries du *masala dosa* du dîner dansent encore le pogo dans mon tube digestif. J'ai vécu une nuit cauchemardesque dans un hôtel glauque où un voisin malade a toussé sans arrêt jusqu'au petit matin. J'ai passé une journée dans un village des Ghats, en montagne, dans une « charmante » cité climatique qui a pour seul avantage un taux de monoxyde de carbone un peu inférieur à celui de la ville. Et je suis partie en randonnée plusieurs heures avec un guide aux airs de Jack l'Éventreur.

C'est si beau l'Inde ! Ses parfums, ses couleurs…

Je prends maintenant le bus pour Mangalore. Je m'installe et pose mon sac à dos à mes côtés. Le chauffeur, qui a dû avaler son sourire avec son curry de poulet, me sermonne dans une langue dont les lettres ressemblent à un tas de spaghettis emmêlés. Il saisit violemment mon sac et le jette à côté de lui à l'avant. Quatre heures de route et aucune femme à bord. Pas grave, je serai la seule à avoir le privilège de profiter de la galanterie des passagers !

Mouais…

Un jeune homme, assis avec ses amis au fond du véhicule, change de place pour venir s'asseoir à côté de moi. Moustachu et chemisette, fin comme une scolopendre. Il engage la conversation :

— *Where are you from ?*

Poliment, j'échange quelques paroles. Il est étudiant et veut en savoir plus sur mon voyage. Je finis par lui dire gentiment que j'ai envie de dormir et ferme les yeux. Il continue à parler. Je lui rappelle poliment qu'après une journée à crapahuter dans la jungle, je veux juste faire une petite sieste.

Tous les prétextes sont alors bons pour se rapprocher de moi. Il me montre tout ce qu'il y a dehors, en passant chaque fois son bras devant moi, s'arrangeant pour me toucher au passage.

— *Look at the temple !*
— *Look at the village !*
— *Look at the banana !*
— *Look at the tree !*

Il devient plus collant qu'un naan au fromage, ces fameux pains indiens (même si le mythe est tombé quand j'ai découvert qu'ils sont fourrés de... Vache qui rit). Que faire ? Il y a sa bande de copains au fond du bus, le chauffeur à la mine patibulaire et il n'y a que des bonshommes à bord. Descendre ? Il fait nuit noire et on est en pleine jungle !

Soudain, le bus pile net. Une vache traverse la route dans un virage. On est secoués mais tout va bien. Je rêve d'être une vache sacrée (qui rit), peinarde et respectée, et de mettre un coup de corne au mufle à côté de moi.

J'échappe de justesse à un « *Look at the cow* », mais quelques minutes plus tard, sa main effleure encore mon ventre pour me dire : « *Look at the bird !* »

J'élève la voix :
— *Now, you stop !*
Il ne s'y attendait pas et opère un léger mouvement de recul.
Mon harceleur s'arrête. Mais je ne suis pas encore tout à fait rassurée. Il ne change pas de place et je vais me le coltiner jusqu'à destination.

Pendant tout le trajet, une télé diffuse de la musique Bollywood. C'est bien, mais à petite dose. Ça bouge, ça pique les yeux et la chanteuse, entourée de deux Don Juan, moustaches luisantes et lunettes noires, couine comme si on lui arrachait les cheveux, le tout sous une pluie de pétales de roses.
Et voilà que mon voisin recommence.
— *Look at the house !*
— *Look at the bicycle !*
Au fur et à mesure que la ville approche, le stress monte. Et s'il descendait au même arrêt que moi ? Et s'il me suivait ?
Heureusement, il descend à l'arrêt d'avant. Ouf. Sauvée…

À l'hôtel, j'ai du mal à trouver le sommeil. Je revois mon pernicieux voisin de bus.
— *Look at the banana !*
— *Look at the tree !*
— *Look at the coconut !*
J'aurais bien pris une *coconut* pour lui fêler le crâne !

Comment mimer la tortue marine au pays de Ganesh

Un petit sac à dos en guise de carapace, je rampe sur l'estrade de la salle de spectacle de l'école. Le milieu marin me manque, je transpire sous les ventilos. Soudain, on me jette un filet de pêche sur le dos, je me débats dans ses maillages. Je n'ai jamais fait de théâtre mais le ridicule ne tue pas.

Les enfants rient aux éclats. Les visages s'assombrissent quand je m'allonge, les quatre pattes en l'air. La tortue ne lutte plus. Elle est morte.

Il y a pire, j'aurais pu faire le chien. Le chien errant qui aboie, remue la queue, tourne autour des œufs de tortues et va les manger tout crus.

Standing ovation à la fin de la pièce.

En sortant : séance de signature d'autographes. Une cinquantaine de gamins en uniformes bleus font la queue dans la cour poussiéreuse pour obtenir de nous, les visages pâles, un petit gribouillage dans leur cahier. On est vite une vedette quand on vient de loin. Ils nous parlent en kannada, la langue du Karnataka.

La petite équipe de volontaires dont je fais partie reprend la route, entassée à l'arrière d'une camionnette. Des camions jaunes aux motifs fleuris nous collent aux basques. Sur la plage, il faut regarder où on met les pieds et slalomer entre les déjections d'espèces diverses : chiens, vaches, bipèdes en saris, etc. On construit une cahute en bambous et en feuilles de cocotier qui deviendra un mini-centre d'informations sur la protection des tortues de mer. Un pêcheur nous montre quelques œufs, bien au chaud dans le sable. Ceux-là auront une petite chance de ne pas finir en omelette.

À quelques kilomètres de là, un grand *resort* s'étale sur la plage. Le béton croque la mer, les touristes gras prennent des couleurs tandoori. Les tortues vertes voient rouge et manquent de sable pour couver.

Je me dis qu'heureusement, la voyageuse solitaire qui joue à la caouanne sur un autre continent que le sien laisse une empreinte écologique un peu moins forte que celle du touriste qui part jouer au golf dans le désert. L'ordre cosmique est ainsi fait. Il y en a qui grillent sur un transat avant le buffet du soir, quand d'autres chapardent des œufs sur la plage pour les revendre quelques roupies afin de s'acheter un bol de riz. C'est triste à voir tout ça. Mais en voyageant, on finit par se forger une carapace.

MONGOLIE

On imagine les steppes, la nature, les grands espaces. C'est bien cela que j'étais venue trouver, dans un parc national, pour observer les derniers chevaux sauvages. Amoureux de *wilderness* : c'est la destination idéale ! (À condition de ne pas être végétarien car vous aurez plus de chance de manger du ragoût de mouton que de la salade verte !)

C'est autant pour la mémorable expérience du Transmongolien qu'il faut y aller, que pour les étendues sans limites qu'offrent ce pays.

C'est pour les étoiles, aussi, qu'il faut s'y rendre. Le soir, quand la nuit tombe, les yourtes s'allument et l'on se réchauffe autour du poêle. La lumière perce au-delà des petites ouvertures du toit. La fumée s'égare au-dessus des cheminées, sous un ciel étoilé. Un ciel immense bien sûr, prodigieusement constellé. On regarde si, là-haut, on ne voit pas les absents, ceux qui ont pris le dernier train de nuit vers les étoiles… Il y en a tant et tant, des lumières qui scintillent, bien loin des ciels citadins de nos contrées, fardés des réverbères qui gâchent tout.

Comment voyager avec des inconnus armés au pays de Gengis Khan

La Mongolie et ses espaces infinis. Ses ciels à perte de vue. Le souffle du vent dans les herbes folles. Le galop des chevaux et la chaleur des yourtes. Ah… la Mongolie ! Un paradis pour les amoureux de nature.

Un enfer pour les autres.

J'y reste deux semaines en tant qu'écovolontaire, dans un parc national où ont été réintroduits les derniers chevaux sauvages, les chevaux de Prjevalski.

Le programme de chaque journée : observer les équidés, les « *tahkis* » comme on les appelle ici. Il faut relever les coordonnées GPS pour situer leur position, surveiller les conditions météorologiques ainsi que le comportement des équidés. Ça donne des choses du genre : 12 h 38, le poulain du harem B s'est couché. 13 h 04 : le poulain se relève. 14 h 12 : le harem se déplace d'une trentaine de mètres. 14 h 30 : les animaux broutent. Tout ça par 2 °C le matin avec un vent glacial et 30 °C l'après-midi.

Le dimanche, je pars en randonnée avec Tiona, une Américaine rencontrée sur place. Nous empruntons l'unique piste qui traverse la steppe. Nous trouvons des crânes de chevaux morts congelés pendant les violentes tempêtes d'hiver. Sympa. Nous bataillons avec des graminées coriaces formant des flèches qui traversent tout : les vêtements, la peau et même les chaussures de randonnée. Nous apercevons un tronc habillé de banderoles colorées, un site chamanique. Nous sommes sur un lieu sacré, mais nous n'en profitons pas pour dire une prière. On aurait peut-être dû…

Il fait une chaleur à faire bouillir du lait de yak, alors on accepte volontiers d'abréger notre randonnée quand un digne descendant de Gengis Khan, à bord d'une belle grande voiture aux vitres teintées, nous propose de nous ramener. (Mais réflexion faite Gengis, c'est pas ce mec sympa qui a conquis le monde en exterminant au passage un paquet de bonshommes ?) Quelle idée ! Suivre des inconnus au milieu des steppes ! Je me retrouve assise sur une vieille couverture crasseuse et malodorante ; quelque chose de dur et de désagréable me cogne les fesses. Ouille !

Trois hommes au regard ténébreux nous emmènent ainsi dans les vastes steppes. Par « ténébreux », j'entends bien : « semblant tout droit sortis des ténèbres » ! On n'avait pas vu tout de suite les deux autres gugusses. Le regard noir, la dégaine louche, ils n'ont pas vraiment l'air de touristes…

Nous avions d'abord imaginé qu'il s'agissait de vacanciers mongols en visite dans le parc. En fait, il y a un Mongol, un Coréen et un Kazakh. Ça ressemble presque à une bonne vieille blague avec un Français, un Belge et un Américain… Mais ça n'est pas une blague du tout. Ils ont un petit coté le Bon, la Brute et le Truand. Sans le Bon.

Le chauffeur nous offre des bonbons. Oui, oui, oui… le monsieur qui donne des friandises aux filles…

Soudain, la voiture s'arrête. Le Coréen sort du véhicule pour une pause cigarette.

Le Kazakh descend à son tour et ouvre une bouteille de vodka, déjà bien entamée. Il nous en propose. C'est pas trop l'heure de l'apéro ! Le Mongol descend également et inspecte l'horizon avec des jumelles. Tiona et moi échangeons un regard. Que doit-on faire ? Et surtout : que peut-on faire ?

Tiona, très rassurante, me demande : « Tu crois qu'ils vont nous violer ? » Excellente question. Eh bien... aucune idée ! Là, comme ça, je dirais, pas forcément, mais bon, sait-on jamais ! La « sécurité enfant » bloque ma portière. De toute façon, inutile d'imaginer s'échapper, il n'y a personne à la ronde (enfin si : des moutons).

Ces messieurs remontent à bord. En bougeant, j'identifie enfin l'objet dur sous mes fesses. Un fusil ! Des points d'interrogation et d'exclamation s'envolent au-dessus de ma tête. Allons-nous finir notre chemin ici, au milieu des crottes de moutons, en attendant que l'on retrouve nos squelettes au printemps prochain, car, d'ici là, un aigle des steppes se sera délecté de nos restes ?

Tiona est pâle comme du lait fermenté de jument. Elle ne dit plus rien.

Mais profitons du paysage : c'est peut-être le dernier que l'on verra !

Nous apercevons enfin nos yourtes. Notre maison ! Nous approchons... Je regarde l'Américaine. L'Américaine me regarde. Nous pensons au même moment à la même chose : vont-ils s'arrêter ? !

La voiture ralentit. Yes ! Et... elle s'arrête. Oui, elle s'arrête !

Le soir, des rangers nous informent que ces charmants messieurs, des braconniers, chassaient probablement la marmotte. Difficile de les imaginer, en effet, avec un cerf ou un cheval dans le coffre de leur belle voiture ! Mais des petites marmottes, oui, c'est possible.

Je suis heureuse de ne pas ressembler à une marmotte.

Comment être invitée à une boum
dans les steppes de Mongolie

« Vous venez danser, les filles ? » « Oui, avec plaisir. » Sauf que... la « boîte de nuit » est une... yourte ! Après deux semaines passées dans un parc national au fin fond de la Mongolie, je me retrouve donc invitée à la soirée de fin de saison du personnel du parc, en compagnie d'une Américaine et d'une Suédoise.

Les gens se sont mis sur leur trente et un. Parce qu'ils pensent draguer au milieu des steppes ? ! On les comprend : la capitale est à deux heures de route et il n'y a pas grand monde alentour, à part quelques familles nomades qui font du yaourt, des petits chevaux bossus, des moutons et, en cherchant bien, une poignée de braconniers clandestins.

Il y a le directeur, la *fire woman* (la dame qui allume les feux dans les yourtes le soir – c'est un métier), les rangers, le personnel de service et de cuisine, la barmaid et quelques touristes mongols amateurs de vin français (si si, on trouve bien des bouteilles de bordeaux au fin fond de la Mongolie)... Après le dîner, où ces derniers se sont goinfrés d'un adorable mouton tué le midi même, tous sortent peu à peu et se dirigent vers la yourte en dur qui sert de salle de conférence et qui ce soir est donc transformée en salle de bal !

Pas de boule à facettes, seul un rétroprojecteur donne la lumière d'ambiance. Les chaises quant à elles ont été disposées en rond : facile vu la forme de la pièce ! La musique ? De la techno ! (D'un temps que les moins de vingt ans ne peuvent pas connaître.) Seules six ou sept chansons tournent en boucle toute la soirée, notamment une reprise de la *Lambada* et une autre de *Zombie* des Cranberries. Plus quelques valses mongoles pour faire plaisir aux plus âgés. La bière coule à flots. Un jeune serveur, pourtant très timide, est déchaîné ! Il se déhanche comme un fou et son verre d'alcool se vide et se remplit plus vite que ne court le cheval au galop dans la steppe.

Des jeux entrecoupent les moments de danse.

Premier jeu, les volontaires forment des paires de sexe opposé, et chaque paire se met dos à dos, juste séparée par un ballon. Les premiers qui parviennent à faire exploser le ballon ont gagné... On se croirait au mariage d'une bonne copine de classe !

Puis vient la séance de karaoké. Le choix des chansons est limité : il n'y en a qu'une ! Trois personnes vont chanter, deux femmes et un homme, il faudra voter pour le meilleur. Autant dire que la sélection ne va pas être aisée. Les chanteurs ont été désignés d'office et pas vraiment pour leur talent vocal... Pour le chant diphonique mongol, on repassera ; c'est plutôt du chant cacophonique.

Est ensuite proposé un jeu auquel je suis ravie de ne pas participer : les yeux bandés, deux personnes doivent tenter de reconnaître leurs amis... au toucher. Je ne crois pas avoir bu assez de bière pour trouver amusant d'être palpée par des Mongols aux mains collantes, sachant que la probabilité qu'ils me reconnaissent est quasi nulle puisqu'ils ne me connaissent pas...

Ensuite, même animation mais en pire : jeu de reconnaissance... à l'odeur ! Un type complètement ivre, les yeux bandés, est dirigé vers les gens assis en cercle et va les renifler pour tenter de mettre un nom dessus... J'ai rarement vu un jeu aussi idiot, mais dans un tel contexte, il nous déclenche un sacré fou rire. Quand le bonhomme approche de nous, l'Américaine, la Suédoise et moi, on se fait toutes petites, espérant échapper à ses narines. Ouf, la personne qui guide l'individu a la bonne idée de nous éviter. En fait, vu l'état plus que second du joueur, il est impossible qu'il mette un nom sur qui que ce soit. Un désastre. Il faut le retenir sans cesse pour qu'il ne s'écroule pas dans les bras du pauvre quidam qui a la chance de se faire flairer de près par le drôle de zèbre. Enfin... chameau serait un terme plus approprié dans le pays dans lequel nous nous trouvons.

La soirée est un véritable show. Chacun son style. Pas de dress-code exigé. Certains portent bottes mongoles, survêtements et casquettes, d'autres ont enfilé une robe moulante ou une chemise blanche. De notre côté... c'est chaussures de randonnée aux pieds et pantalons, sans douche et sans maquillage. Qui aurait prédit que nous finirions par nous retrouver à une boum mongole ? Mieux que Chez Régine !

Comment rencontrer un faux chaman
dans un vrai train mongol

Ce train mongol n'est pas complet, je me retrouve seule dans un compartiment de quatre places. Dans les virages, je tente d'apercevoir par la fenêtre la queue du train qui se tortille comme une anguille.

N'ayant pas eu le temps d'acheter à manger sur le quai, je me dirige vers le wagon-restaurant pour dîner. Il faut traverser au moins cinq voitures pour arriver à destination. M'y voici enfin mais le lieu est bondé ! Pas le moindre étranger. Quelques regards se tournent dans ma direction. Ça mange, ça boit, ça fume. Dans un nuage brumeux, les Mongols dévorent leur assiette de ragoût de mouton en descendant bière après bière. Tables poisseuses et conversations bruyantes.

Un instant d'hésitation. Où m'asseoir ? Je traverse l'allée, en quête d'une petite place disponible. Tout au bout, enfin, j'aperçois un espace libre. Je demande à l'homme assis à la table si je peux m'installer en face de lui. Pas de problème. Par chance, il parle anglais. Il est rapidement rejoint par son frère. Tous deux se présentent, mais je suis incapable de retenir leurs prénoms. Le plus vieux, la quarantaine, travaille pour la télévision mongole. Son frangin, un peu plus jeune, réalise des clips vidéo dans le désert. Le plus âgé n'arrête pas de me parler de son ami Olivier, l'un des rares chamans français. Les esprits l'ont appelé pour venir vivre en Mongolie ! Le grand frère prétend également posséder des pouvoirs chamaniques.

Il veut me faire une petite démonstration. Il saisit ma main, se concentre. Ses mains sont très chaudes.

Il ferme les yeux et prend un air sérieux. J'attends, curieuse de savoir ce qu'il va pronostiquer. Après un certain temps, il m'annonce d'abord que je suis fatiguée. Normal, je suppose, avec le voyage. Ça fait deux mois que je vadrouille sur le vaste continent asiatique. Puis, après un moment d'intense concentration, il m'affirme une grande nouvelle, avec une certitude absolue :

— Vous avez un fils !

Quelle surprise ! Le truc c'est que... je n'ai pas de fils.

— Si, si ! me dit-il, je le sais, je l'ai vu !

Bon, eh bien moi, je ne l'ai jamais vu, et si j'avais eu un fils, je m'en serais probablement rendu compte... Il insiste ! Il voit un petit garçon. Quel chaman !

L'autre homme me demande ensuite quel âge je donne à son grand frère.

— 40 ans, je réponds.

Ils me regardent d'un air suspicieux. J'ai l'impression d'avoir prononcé une énormité. Je dis que ce n'est pas toujours évident de donner un âge aux gens et demande donc la réponse.

— 40 ans, me répondent-ils.

Je leur fais remarquer que je suis certainement meilleure chaman qu'eux ! Ça les fait rire. Le grand frérot me dit sans arrêt « *don't worry* ». Je ne m'inquiète pas outre mesure mais il répète régulièrement cette phrase. Peut-être ai-je l'air un brin soucieuse. Ou peut-être juste un peu sceptique ?

À nouveau, il prend ma main pour me faire une autre démonstration de ses grands pouvoirs. Concentration. Attente. Suspense...

Verdict :

— Vous avez toute la vie devant vous !

Plutôt rassurant. Quelle perspicacité !

Troisième tentative : il saisit encore ma main. Dans l'ambiance embuée du wagon et avec le coucher de soleil sur les steppes qui défilent, je m'attendrais presque à ce que ça marche. À entendre quelque chose de spécial. J'attends… Suspense insoutenable… Il me révèle enfin que je vais rencontrer un homme brun. Je regarde autour de moi, je ne suis entourée que d'hommes bruns. Je lui fais remarquer qu'en Mongolie, tomber sur un blond est relativement peu probable. Il me dit que cet homme n'est pas ici… Ah ah !

Au moins, je ne m'ennuie pas dans ce train qui doit se déplacer à une moyenne de 40 km/h, tel un gros ver qui rampe à travers la steppe.

Les frères visionnaires m'expliquent maintenant que de l'autre côté de ce wagon, les couchettes sont beaucoup moins confortables et que du coup, certaines personnes restent toute la nuit dans le restaurant pour boire. Un petit côté russe… Et justement, quand un Russe et un Mongol se rencontrent ici, ils finissent généralement de la même façon : complètement *zapoï* !

La femme du grand frère vient nous rejoindre. Ils partent en vacances tous les trois en Mongolie intérieure. Je termine mon goulache et ma bière et lorsque nous nous levons pour partir, une nuée de Mongols se précipitent pour récupérer nos places. Le petit frère est prêt à m'escorter jusqu'à ma couchette. Je lui réponds poliment que je n'ai pas besoin de garde du corps. (Bien qu'il soit brun, non ?)

Au réveil, nous voilà en plein milieu du désert de Gobi. Plat et sableux. Les chameaux ont remplacé les troupeaux de vaches ou de chèvres. Le soleil se lève.

Au moment de descendre du train, j'aperçois deux hommes qui me font de grands gestes et me saluent : mon ami chaman et son frère.

— *Good luck !* s'écrient-ils.

MALAISIE ET SINGAPOUR

Grâce à une année sabbatique, j'ai passé un peu de temps en Asie du Sud-Est. C'est ainsi que je me suis attardée en Malaisie ou à Singapour. Une grande diversité culturelle, des paysages étonnants et variés, un climat lourd et pesant et mille rencontres surprenantes. Je ne vous parlerai pas de la beauté grandiose des forêts, des délices culinaires de Singapour, des richesses de Bornéo (et des coupeurs de têtes !), des fraises des Cameron Highlands, des orangs-outangs, de l'architecture de Malacca, du Raffles Hotel où séjournèrent Kipling, Conrad et... Michael Jackson. Non... je vous réserve d'autres surprises !

Comment voir un film chinois
à l'eau de rose à Kuala Lumpur

Pourquoi vouloir toujours visiter le plus beau temple de la ville (d'après le guide), le plus beau monument de la ville (d'après le guide aussi) ou manger dans le meilleur restaurant de la ville (toujours d'après ce maudit guide)? En voyage, j'aime réaliser des choses simples. Parfois. Faire les courses, aller à la piscine, au cinéma, chez le coiffeur… Le quotidien quoi ! Faire comme les vrais gens dans la vraie vie !

À Kuala Lumpur, je me dirige vers les deux tours financées par les rois du pétrole, où Sean Connery a fait le malin avec Catherine Zeta-Jones. De mon côté, je suis certes aventurière, mais il ne faut pas exagérer, je ne vais pas effectuer de cascades sur les façades des tours. Je vais me contenter d'aller au cinéma. Voir un film chinois. Pas un film d'aventures, mais… un film à l'eau de rose. Après tout, c'est déjà une expérience en soi, non ?

La rencontre entre un célèbre acteur déprimé et une fille inconnue dépressive. Oh… c'est beau… L'histoire se passe dans les montagnes, sous la neige. Parfait pour se rafraîchir quand on en a marre des tropiques. Avec la clim dans la salle et mes voisines qui reniflent sans cesse bêtement (à cause du froid et de l'émotion lors de la scène du baiser pourtant chaste, censure oblige), on s'y croirait presque. Le truc, c'est que le film est sous-titré en anglais, en chinois, en malais et en hindi. Résultat : on ne voit plus que la moitié de l'écran !

Comment déguster le fameux
nasi lemak malaisien

Connaissez-vous le *nasi lemak* ? Non ? Alors oubliez la Malaisie et vos éventuelles idées de voyage dans cette contrée lointaine et mystérieuse. Ce pays n'existe pas sans son *nasi lemak*. D'accord, il y a les deux tours de Kuala Lumpur, des palmiers à huile à perte de vue et quelques forêts sauvegardées, des plages de sable fin où pataugent des touristes égarés, mais il y a surtout le légendaire, le fameux, l'incontournable *nasi lemak* !

En Malaisie, on mange du riz, du poulet, du riz, du poulet, du riz, du poulet, du riz... Autrement dit, si on n'est pas malaisien pure souche, même si on aime le riz et le poulet, il est possible d'avoir parfois tendance à s'en lasser. J'exagère un peu car la cuisine de ce pays est extrêmement variée. Quoique...

N'importe quel restaurant, au coin de la rue ou dans un hôtel plus chic, proposera donc un classique *chicken-rice*, poulet-riz si vous préférez. Mais surtout, où que vous alliez, vous ne pourrez échapper au plat national, LE plat, dégusté matin, midi, après-midi, soir et nuit, qui n'est autre que le *nasi lemak*. Ah... le *nasi lemak* ! Tout un poème ! Un simple plat de riz, mais tout un symbole !

Attention, on peut tout dire sur la cuisine malaisienne, mais on ne touche pas au *nasi lemak* ! Un scandale a même éclaté quand le ministre de la Santé a voulu l'interdire dans les écoles pour lutter contre l'obésité. Non ! Impossible !

D'abord, présentons la chose. Il s'agit d'un riz cuit dans du lait de coco, parfumé d'épices, souvent accompagné – vous l'aurez compris – de poulet. On peut y ajouter du gingembre, de la citronnelle, des cacahuètes, des anchois séchés, des concombres ou divers légumes marinés, du sambal (un condiment à base de piment), des œufs bouillis, du kangkong (une plante parfois surnommée « épinard d'eau »), des feuilles de pandanus. Si on veut l'emporter, il suffit de l'emballer dans des feuilles de bananier. Appétissant présenté ainsi. Ça peut en effet être délicieux, comme se révéler très gras, lourd et écœurant.

Honnêtement, c'est plutôt bon, mais à petites doses. Et voilà tout le problème. Le mot « petite ». On consomme rarement une « petite » assiette de *nasi lemak*. On en mange des plâtrées entières, matin midi et soir. Matin, ça veut dire à 7 heures, puis, à la pause de 10 heures ; midi signifie 12 heures, mais aussi 16 heures ; et soir doit s'entendre à 17 heures et à 22 heures. Et je n'exagère pas !

Comment jouer à Ken et Barbie en Malaisie

Les trains de banlieue font rarement rêver. Le RER est un peu moins poétique que l'Orient-Express et le Transsibérien, ou même que le TGV qui fait fantasmer nos camarades asiatiques par sa haute technologie. Mais les trains de banlieue français... Les stations qu'ils desservent ne ressemblent pas vraiment à un appel au voyage. Rueil-Malmaison et Nanterre-Préfecture ne m'évoquent franchement pas grand-chose, et seul le terminus du RER B, l'aéroport Charles-de-Gaulle, réussit à faire briller une étincelle dans mes prunelles de baroudeuse.

Circuler dans la périphérie de Kuala Lumpur semble un peu plus exotique. On peut emprunter le *Komuter* pour parcourir les environs de la capitale malaisienne en toute sérénité. Les noms des arrêts sont déjà plus envoûtants : Kepong, Bukit Badak ou Bangi. Cependant, on s'aperçoit assez vite qu'un transport en commun est indubitablement « en commun » et reste... assez commun. Tenir debout pendant des heures, serrés les uns contre les autres, n'est pas plus agréable ici qu'ailleurs.

Dans le train qui me mène de la banlieue au centre de Kuala Lumpur, je me retrouve dans un wagon tout rose. On se croirait dans un décor Hello Kitty pour les grands. Murs rose bonbon, sièges roses, pictogrammes roses. Le monde de Barbie *made in Malaysia* ! C'est un wagon spécial réservé aux femmes. Un moyen d'éviter d'être embêtée par les mâles tripoteurs. En Inde, on trouve aussi ce type de wagons, pour lutter contre le « *Eve teasing* ». Un joli euphémisme pour parler de harcèlement sexuel.

J'y aperçois néanmoins un bonhomme tout gêné avec une tête de gamin qui a fait une bêtise. Il s'est trompé de wagon. Un autre étend ses jambes en poussant des soupirs de satisfaction : il a fait exprès de monter là pour avoir plus de place, le coquin !

Une vieille dame regarde mes épaules dénudées, l'air de dire, vous n'avez pas froid ? Ça n'est pas parce que, ici la plupart des filles ont le devoir de suer dans une tenue synthétique totalement inadaptée à la météo que je dois me transformer en papillote ! Avec l'effet de serre qui se produit sous leurs vêtements, les pauvres contribuent sans aucun doute au réchauffement climatique. Je les imagine un instant réciter le vers de Baudelaire : « Nous voulons voyager sans vapeur et sans voile ! »

Elles n'ont pas trop le look Barbie, finalement. Heureusement, les hommes, eux, peuvent jouer à Ken, s'habiller léger et porter des chemisettes ringardes…

Comment apprendre la salsa avec un danseur dégoulinant à Kuala Lumpur

Samedi soir sur la Terre. Plus précisément, dans la banlieue de Kuala Lumpur. Je loge dans un bled nommé Bangi. Un nom qui fait bang ! De quoi passer un séjour explosif. Pour sortir des sentiers battus, il ne faut pas hésiter à se rendre dans des villes où aucun touriste n'a l'idée d'aller. Mais... pourquoi donc personne ne décide de séjourner là-bas ?

Ah ah...

Dans ma chambre, je m'assois sur le lit aux draps à fleurs criardes et repousse la couverture en laine *polaire* (un mot qui colle bien avec le climat). Je branche mon ventilateur sur pied qui couine comme un campagnol poursuivi par un chat. Je zappe sur des émissions en malais ou chinois et parfois même, pour changer, en hindi ! Je jette un coup d'œil sur le mur. Deux tableaux kitch représentent une corbeille de fruits et un voilier sur la mer.

L'hôtel est situé au bord de la route principale. La seule. D'un côté du bled, l'autoroute ; de l'autre, une zone pavillonnaire entourée de murs. On se croirait dans une banlieue américaine. Je m'ennuie comme un pangolin mort. Si si, c'est chouette Bangi. À condition d'être doté d'un bon sens de l'humour et de ne pas avoir de tendances suicidaires.

Mon téléphone sonne. Youpi, un sauveur ! Un ami rencontré quelques jours auparavant m'invite à dîner et passe me chercher. Je vais pouvoir sortir de ce trou. De mon bled peuplé uniquement de Malais, je me retrouve dans la ville d'à côté où il n'y a que des Chinois. Ali, un Français expatrié, me cuisine une salade. Génial, ça change du riz matin, midi et soir !

Ali est super sympa, sauf qu'il transpire beaucoup. Normal dans cette atmosphère de sauna perpétuel. Mais lui, c'est pire. Il me fait penser à des frites qui s'égouttent dans leur panier. Le voir tout dégoulinant me coupe un peu l'appétit. Pour une fois que je mange de la verdure ! (Les pharmacies traditionnelles chinoises doivent bien vendre de l'onguent à la bile d'ours, aux poils d'orang-outang ou d'autres espèces menacées pour traiter ce genre de tare, non ?)

Ali me propose d'aller danser la salsa, plus tard, dans un bar de la « rue des Expats » et choisit un disque de musique latino pour nous mettre dans l'ambiance. Étant donné que je ne sais pas danser, j'ai droit à un cours particulier. Cool ! Enfin... sauf que ses mains sont toutes moites, et qu'il se montre collant dans les deux sens du terme. Il tente une approche. Aïe ! Il est gluant comme le riz, luisant comme le poulet frit et odorant comme le durian (ce gros fruit exotique dont le parfum évoque un mélange de reblochon et de banane pourrie). Lors d'un pas de danse, il m'attire soudain vers lui et je me retrouve scotchée à son torse. Beurk ! Je dois le repousser pour échapper à son baiser baveux. Il perd la face, je me rassois.

Je crois que je vais y aller. Le bar à salsa sera pour une autre fois. Il y aura bien un film chinois sous-titré en malais à la télé...

Comment dormir sur le canapé
d'une Chinoise acariâtre à Singapour

« Tu es en retard ! » C'est avec ces propos fort chaleureux que m'accueille la jeune femme qui a accepté de me loger pour deux nuits à Singapour. Je me réjouis déjà d'expérimenter chez elle ce nouveau concept qui ravit toute baroudeuse : le *couchsurfing*, qui consiste à surfer, pas sur la vague, mais sur un canapé plus ou moins usagé. Plutôt que de dormir dans une auberge où l'on rencontrera toutes les nationalités du monde sauf celle du pays où l'on se trouve, voilà une invention qui permet de rencontrer des « vrais gens » du pays. Des vrais de vrais. De l'authentique ! Un moyen de jouer à « J'irai dormir chez vous » sans être obligé de voyager toujours avec la même chemise rouge.

Ma couchsurfeuse, d'origine chinoise, s'appelle Nicole. Elle a deux passions dans la vie : jouer aux jeux vidéo et passer la serpillière !

J'arrive à 18 heures, effectivement avec une heure de retard, le temps de me dépatouiller avec les transports en commun. Quand je pose mon sac dans l'entrée, elle s'écrie : « Pas là ! Ça va salir ! » Seule la cuisine est habilitée à accueillir mes bagages.

Je n'ai pas le temps de prendre une douche ni même de changer de chaussures que Nicole me met déjà dehors. Je me retrouve seule dans la nuit dans une ville inconnue à l'atmosphère à la fois moite et glaciale... Je reprends donc le métro avec, aux pieds, mes chaussures de randonnée, pour le moins inappropriées ! Toutes les jeunes femmes sont vêtues de petites robes adaptées au climat et très à la mode. Ici le shopping est plus qu'un vulgaire passe-temps, c'est une véritable religion. Je remarque une pancarte « Interdiction de cracher – 500 dollars d'amende ». Ce n'est pas pour me déplaire après mon voyage en Chine où j'ai été moins séduite par l'art du crachat que par celui du thé ou de la calligraphie.

Je dîne à Chinatown et rentre à la « maison » vers 22 h 30, impatiente de retrouver ma chère Nicole et de faire enfin sa connaissance. Dans l'appartement où elle vit avec sa fille âgée de 10 ans, il y a un petit salon coquet et propre avec le canapé sur lequel je vais dormir, une chambre (très propre) pour la maman, une autre (très propre) pour la fille et une cuisine évidemment très propre. Des toilettes (très propres) pour Nicole et des toilettes pour les autres.

À 23 heures, la gamine fait toujours ses devoirs, tandis que Nicole ne décolle pas de son ordinateur. Elle joue aux jeux vidéo. Je lui offre tout de même un petit présent qui ne lui sera probablement d'aucune utilité : un de mes livres jeunesse. Elle m'offre à son tour des sous-bocks moches à l'effigie de Singapour. Nos échanges se résumeront à cette transaction purement matérielle.

La fille termine ses devoirs à minuit et je tente de trouver le sommeil sur le canapé qui n'est pas un canapé-lit, et duquel mes pieds dépassent largement malgré mon 1,57 m et demi. Pendant la nuit – malheur ! – j'ai oublié d'éteindre mon portable. Un Français n'ayant pas conscience du décalage horaire a la mauvaise idée de m'appeler. J'éteins vite le téléphone mais… trop tard, je n'éviterai pas la réprimande le lendemain matin.

Je ne désespère pas encore de faire plus ample connaissance et propose à ma vraie Singapourienne de l'inviter à dîner le soir. Elle me répond sèchement : « Je ne mange déjà pas avec ma fille, pourquoi je mangerais avec toi ? »

Pendant le petit-déjeuner, Nicole me montre les couverts en plastique que j'ai le droit d'utiliser et que je dois ensuite jeter à la poubelle. Je passe un coup d'éponge sur la table mais me fais houspiller à nouveau. Ici, on ne touche à rien ! Qui sait quel microbe farfelu peut transporter une Européenne ?

Le lendemain, au moment de mon départ, ma vraie Singapourienne me souhaite (bizarrement) un bon voyage. Je crois presque déceler l'esquisse d'un sourire sur son visage. Mais non. Ce sourire est aussi artificiel que les couverts en plastique du petit-déjeuner.

THAÏLANDE ET CAMBODGE

Il y a bien sûr Angkor, l'un des endroits les plus magiques et les plus incroyables du monde. Il y a la savoureuse cuisine, il y a les bouddhas géants, il y a les fêtes, il y a tant de lumières et de vie, il y a tant de ruines et de couleurs... Il y a tant et tant... qu'on en ferait un roman !

C'est dans ces pays que j'ai achevé un long voyage en Asie du Sud-Est. Mais où la chaleur accablante d'avril m'a contrainte à abréger mon périple ! Les centres commerciaux modernes et climatisés de Bangkok, c'est bien, mais je préfère les vestiges d'un passé fabuleux !

Et comme vous le disent les guides touristiques, oui, c'est vrai, le Cambodge est un pays attachant au peuple chaleureux, accueillant et souriant... Eh oui, la Thaïlande est (elle aussi) le beau pays du sourire !

Comment ne pas mourir de peur dans un taxi thaïlandais

Mon arrivée dans la Cité des Anges n'est guère réjouissante. Los Angeles ? Non, Bangkok ! Je débarque pour la première fois au pays de la prostitution, de la drogue et pire que tout… de « Koh Lanta » ! L'avion atterrit en fin de soirée et je peux juste à temps emprunter le dernier train qui mène de l'aéroport à mon lieu d'hébergement. Ensuite, de la gare, la distance à parcourir pour parvenir à mon auberge n'est pas bien longue, mais vue l'heure tardive et mes bagages à trimbaler, je décide de prendre un taxi.

Quelle idée !

Il n'y a presque plus personne à la gare et je me dirige vers l'unique véhicule stationné à la sortie. J'indique mon adresse au chauffeur en lui montrant un plan. Mes bagages dans le coffre, nous partons dans les rues noires de Bangkok. Le conducteur a la quarantaine, bredouille quelques mots d'anglais, est vêtu sobrement. Rien de louche ou de bizarre dans son attitude. En apparence…

Je ne connais pas encore la ville, mais un regard sur le plan me suffit pour savoir que je devrais arriver à destination en quelques minutes. Or monsieur n'a pas l'air d'emprunter la bonne direction. Il roule même en sens inverse ! Je lui rappelle que l'adresse est toute proche. Il prétexte des travaux ; il faut juste faire un « petit détour ».

Ça y est. J'ai compris ! Il va m'emmener, pauvre et naïve touriste blonde, en vadrouille dans les rues de la capitale afin de me faire débourser un peu plus que la normale. Mais il est tard et je n'ai pas vraiment envie de profiter d'une visite nocturne de Bangkok en compagnie de cet olibrius peu avenant.

C'est alors qu'il commence…

— *Give me money ! Give me money !*

Je lui rétorque qu'il aura son argent quand nous serons arrivés à destination.

— *Give me money ! Give me money !*

Non, non, non, mon gars, tu n'auras rien.

Il continue à rouler et j'espère juste que le « petit détour » ne va pas être trop grand.

Je commence vraiment à flipper quand nous nous retrouvons… sur l'autoroute ! Euh… nous n'avons rien à faire sur l'autoroute ! On devrait être arrivés depuis longtemps !

— *Give me money ! Give me money !*

Évidemment, j'ai demandé à ce qu'il allume le compteur. Celui-ci semble tourner normalement, mais à force de faire du tourisme sur le périphérique de la Cité des Anges en pleine nuit, c'est sûr que ça va coûter un peu plus cher que prévu.

— *Give me money ! Give me money !*

Il me harcèle, le bougre !

« *Money, money, money… must be funny… in a rich man's world.* » Voilà que cette chanson d'Abba commence à me trotter dans la tête. Il ne manquait plus que ça !

Nous nous arrêtons soudain. Autoroute à péage. Il faut donc payer.

— *Give me money ! Give me money !*

Je n'ai guère envie de passer la nuit ici et sors mon porte-monnaie. Ce n'est pas les quelques baths à régler qui m'inquiètent, mais plutôt le lieu où il m'emmène.

Et ce qu'il va faire de moi. La petite promenade nocturne n'est pas trop à mon goût. Je crois que j'aurais encore préféré qu'on planque de la drogue dans mon sac à dos (comme dans *Bridget Jones*), plutôt que de finir découpée en morceaux par un chauffeur psychopathe pour terminer dans des nems bien épicés !

J'avais pourtant pris soin de mentir en entrant dans le véhicule, quand le bonhomme m'avait demandé :

— *First time in Thaïland ?*

— Non, c'est la troisième fois, avais-je répondu.

Petite astuce pour ne pas se faire avoir en passant pour la bonne poire qui va payer trois fois la course. Mais ça ne marche pas à tous les coups. Et là, visiblement, ça ne fonctionne pas du tout !

En fait, maintenant, tout ça n'a plus beaucoup d'importance. Il peut me demander autant de « *money* » qu'il veut, je n'espère plus qu'une chose, qu'il me dépose entière à destination.

— *Give me money ! Give me money !*

Des frissons parcourent mon dos, même sous cette chaleur tropicale. Je me souviens d'un polar chinois lu en Mongolie, dans lequel les enquêteurs soupçonnaient un chauffeur de taxi du meurtre d'une jeune femme, précisant que c'était chose courante. Celui-ci peut aisément m'emmener dans un coin sombre de la ville, m'égorger et jeter mon corps dans la Chao Phraya, l'agréable rivière polluée qui traverse Bangkok. Personne n'en saura jamais rien. Et l'homme repartira tranquillement avec quelques baths et mes affaires dont il ne pourra pas tirer grand-chose. Il sera certainement déçu de ne trouver que quelques fringues de fille, des chaussures de randonnée, un maillot de bain Décathlon et un guide de l'Asie du Sud-Est.

Tout au plus, il pourra refourguer mon appareil photo reflex. Plus embêtant l'appareil photo. Il verra mes photos du Viêtnam où je picole de la vodka avec dix Vietnamiens. Et je passerai pour quoi, moi ?

— *Give me money ! Give me money !*

Entre peur et exaspération, j'ai envie de lui faire bouffer mes quelques billets thaïlandais. Et de devenir super méchante, de trouver des insultes affreuses et de le traiter de « rebut de rizière » comme Clint Eastwood dans *Gran Torino* ! Sauf que je n'ai pas de flingue. Et que je suis moins impressionnante que Clint. Et que je ne suis pas super bête et méchante. Et que je ne suis pas dans un film américain mais dans la vraie vie !

Après la sympathique balade sur le périph, on dirait finalement qu'on se rapproche du centre-ville. Il est déjà 1 heure du matin. Nous tournons encore un moment dans les rues calmes de Bangkok avant de nous arrêter. Miracle : nous sommes arrivés !

— *Give me money ! Give me money !*

Je lui tends un billet de 100 baths, déjà bien plus que la commission nécessaire, compte tenu de la distance qu'il aurait normalement dû parcourir.

— *Money ! Money !*

Si je n'étais pas seule de nuit dans un lieu inconnu avec cet abruti, je me sauverais sans payer en guise de protestation. Je lui donne tout de même un second billet.

Mais voilà qu'il trifouille son compteur, et le chiffre mirobolant de 958 baths apparaît ! Je viens de payer 90 baths pour parcourir 30 km en train, ce n'est pas pour payer dix fois plus pour faire théoriquement 3 km en taxi.

— *Money ! Money !*

Toujours effrayée qu'il ne se fâche ou ne se sauve avec mes bagages dans le véhicule, je lui donne un dernier billet. Ouf, il ouvre le coffre. À ce prix-là, j'aurais pu prendre un taxi directement de l'aéroport !

« *Money, money, money... must be funny... in a rich man's world.* »

Comment trouver un resto à Bangkok un 13 avril

Bangkok ! Me voici donc à Bangkok, la ville qui ne dort jamais !
Enfin… presque jamais.

Ma première journée ici est déconcertante. Où est l'effervescence de la grande capitale thaïlandaise et des quelque quatorze millions d'habitants de sa métropole ? Mes premiers pas se déroulent dans le silence, dans une atmosphère moite, étrange, alors que je suis en plein centre-ville ! On ne peut imaginer ainsi une capitale asiatique. Surtout lorsque celle-ci est réputée pour ses embouteillages, son bruit, sa pollution. La pollution, ça oui, je la respire, je la vois, je la sens. Elle emplit mes poumons, picote mes narines, rend flou mon regard à l'horizon, mais je ne vois pas les pots d'échappements qui en sont la cause.
Je m'attendais à être assaillie de monde, envahie de deux-roues, quatre-roues et piétons dans des rues animées. Je m'attendais à me fondre dans la foule, à voir des gens, plein de gens, partout, partout, partout ! Qu'est devenue la ville trépidante, palpitante, bouillonnante ? Bouillonnante, ça, elle l'est, avec ses 40 °C à l'ombre en ce mois d'avril. J'ai la sensation d'errer dans un chaudron géant en avançant sur les pavés suffocants, sous un ciel bleu poivré de particules irrespirables.

Ah ! Bangkok ! La cité au nom extravagant, le plus grand nom de ville du monde !
Voilà ce que donne sa transcription complète du thaï : *Krung Thep mahanakhon amon rattanakosin*

mahintara ayuthaya mahadilok phop noppharat ratchathani burirom udomratchaniwet mahasathan amon piman awatan sathit sakkathattiya witsanukam prasit.

Et voilà ce que donne la traduction française : « Ville des Anges, grande ville, résidence du Bouddha d'émeraude, ville imprenable du dieu Indra, grande capitale du monde ciselée de neuf pierres précieuses, ville heureuse, généreuse dans l'énorme Palais royal pareil à la demeure céleste, règne du dieu réincarné, ville dédiée à Indra et construite par Vishnukarn. » Rien que ça !

De même que son nom est démesuré, on imagine… un peu de folie ! Alors, que se passe-t-il dans cette généreuse Cité des Anges ? La ville dort. Il est bientôt midi et un calme absolu règne dans les rues. La chaleur est accablante. L'heure de la sieste ? Ce doit être autre chose…

J'emprunte le métro moderne de cette capitale futuriste. Propre, organisé, soigné, contrôlé, fouille à l'arrivée. Pas grand monde. Soudain, à la sortie du métro, deux jeunes hommes m'aspergent d'eau avec deux gros pistolets jaunes en plastique ! Deux gamins farceurs qui traquent les visiteurs égarés ? Je suis surprise mais… l'effet est rafraîchissant ! Encore !

Je comprends enfin ce qui se passe en cette journée presque surréaliste lorsqu'ils s'écrient : « *Happy new year !* » Nous sommes le 13 avril. C'est mon troisième Nouvel An de l'année, après le Nouvel An, en France le 1er janvier, puis le Nouvel An chinois le 23 janvier à Singapour. Ici, pas de sapins de Noël ni de boules de neige, c'est bataille d'eau géante !

En attendant les festivités du lendemain, c'est le calme plat. Rien ne se passe. Je traverse le quartier de Chinatown. Chinatown dort. C'est le calme avant la tempête.

Je cherchais initialement un temple que je n'ai jamais trouvé. Je cherche maintenant un restaurant, mais pas un seul boui-boui chinois ni thaïlandais n'est ouvert.
J'avance dans les rues éteintes, je longe les petits canaux avant d'arriver sur les bords de la rivière Chao Phraya. C'est là que je trouve le seul restaurant ouvert du quartier, un peu chic, belle terrasse et vue sur la rivière. Merveilleux pour mon ventre qui crie modestement famine, la chaleur ne me donnant pas envie de me goinfrer de soupe de nouilles.
Je m'installe donc sur les rives de la Chao Phraya pour déguster un poulet aux noix de cajou et regarder les bateaux passer. En fond sonore, les grands classiques du piano, avec Richard Clayderman et sa *Ballade pour Adeline*, que je n'avais pas entendue depuis une éternité, ou la *Lettre à Élise*... Pas vraiment thaïlandais. J'échappe malgré tout à la musique du film *Titanic*, entendue dans toutes les grandes villes du monde. Je profite de la vue sur la rivière, des immeubles très quelconques, comme on pourrait en trouver dans n'importe quelle ville d'Europe. En fait, si l'on omet la chaleur tropicale et deux, trois palmiers par-ci par-là, on se croirait au bord de la Meurthe... J'ai presque l'impression d'être un dimanche après-midi dans une petite ville de province française, ennuyeuse à souhait ! J'observe passer les bateaux-taxis que j'emprunterai plus tard pour me déplacer et découvrir

d'autres quartiers. Car oui, bien sûr, Bangkok recèle de petits trésors, mais il faut savoir les chercher !

Heureusement, demain c'est la fête. Je serai plongée dans la foule, bousculée, chahutée, entre les milliers de gens qui s'amuseront à faire de monstrueuses batailles d'eau, complètement délirantes. On ira jusqu'à sortir les lances à incendie pour asperger les passants tous équipés de fusils en plastique, quel que soit leur âge. Et je me retrouverai trempée, couverte de craie, comme tout le monde, dans une ambiance abracadabrantesque qui aura vite fait de me réconcilier avec la Thaïlande !

Comment ne pas finir desséchée à la frontière cambodgio-thaïlandaise

Gare de Hua Lamphong, centre de Bangkok, 5 h 30 du matin. J'attends le train de 6 heures pour la frontière cambodgienne. 400 km à parcourir pour le prix d'un expresso chez nous. Pour un voyage qui n'a pas de prix.

Le hall immense est déjà plein. Familles entières assises par terre. Bébés qui pleurent. Quelques vieux sur les rares bancs. Portrait du roi sur le mur. Gardiens qui circulent et surveillent. Odeurs d'épices, de soupes chaudes, de beignets recette américaine, chocolat, café, vanille. Gens avachis, étalés, assoupis. Valises, cabas, sachets plastique. Lecture de journaux, pianotage sur téléphone portable, ennui. Robes pour ces dames, shorts et chemisettes pour ces messieurs. Comme eux, je m'assois sur le sol, abattue par la chaleur d'avril. Pas de printemps pour la Thaïlande.

5 h 55, je trouve l'une des rares places assises sur un siège déglingué. Le train démarre, s'éloigne du centre alors que la ville s'éveille aux premières lueurs du jour. Fenêtres ouvertes, on cuit déjà.

6 h 30, le train n'est pas encore sorti de la cité tentaculaire, il ralentit et s'arrête. Quinze minutes plus tard, il recule et revient à la case départ, gare de Hua Lamphong ! Quelques passagers montent.

7 h 30, c'est reparti ! Le train roule, la température monte. Les gens somnolent, papotent, divaguent devant le paysage bientôt champêtre. Prairies sèches, champs, relief plat, vaches assoiffées. Lenteur. Moiteur. Épaisseur du temps qui ne passe pas. Torpeur du voyage. Multiples arrêts au milieu de nulle part.

Villages inconnus où les familles poireautent sur les quais de gares minuscules.

Enfin, après neuf heures de trajet, le train s'arrête. Pour de bon. À Aranyaprathet. Mais la frontière est encore à quelques kilomètres. Les tuk-tuks s'affairent pour proposer leurs services. On négocie un peu et hop, c'est la course des petits véhicules surchargés qui se précipitent vers la frontière.

La frontière enfin. Il faut un visa. J'ai préparé une photo d'identité, prise chez le photographe Canon du centre commercial géant Siam Paragon de Bangkok. Je m'y étais égarée, entre les dix étages et les 300 000 m^2 de magasins de luxe. À des années-lumière de cette zone poussiéreuse.

La frontière se traverse à pied. Sourire au douanier thaïlandais. Regarder la petite caméra au-dessus du guichet qui prend encore une photo.

Je meurs de faim. Les casinos, interdits en Thaïlande, sont agglutinés dans le no man's land de la frontière. Les temples d'Angkor sont en ruine mais les maisons de jeu sont flambant neuves. Je grignote des brochettes au coin de la rue. Poulet et poisson. Épicées, réchauffées, presque périmées, leur odeur est rebutante et leur consistance désagréable, pâteuse, écœurante.

Arrivée au Cambodge dans la ville de Poipet, j'attends la navette jusqu'à la gare routière où prendre un minibus pour Siem Reap. 18 heures. Siem Reap, enfin.

Les temples d'Angkor et encore il faut repartir.

8 heures. Jour du retour. Départ en bus pour le trajet inverse. Cette fois, je ne prendrai plus le train. Trop

long ! Deux heures de bus pour retourner à la frontière. Puis, passage de la douane cambodgienne.

Quelle que soit son origine géographique, le douanier est une espèce peu rigolote. La mine sérieuse, l'œil suspicieux, ce Cambodgien me regarde de travers. Qu'est-ce que j'ai fait ? Je n'ai pas volé de statuette à Angkor, ni de drogue, ni de plante rare, ni de bol de riz au curry, ni de bébé cambodgien, ni de papa cambodgien, ni... rien du tout ! Il me demande de le suivre. Oulala... Il m'emmène dans un bureau où un maigrichon pas content du tout beugle en agitant mon passeport. Il manque un tampon. Aïe...

Comment ai-je réussi à entrer sans être contrôlée ? Euh... Eh bien... comme dans un moulin ! Je dois donc ressortir du Cambodge, rentrer en Thaïlande et... ressortir de Thaïlande pour rentrer à nouveau au Cambodge, avoir un tampon... et pouvoir enfin ressortir du Cambodge. Simple.

Mais le pire reste à venir. La queue à la frontière thaïlandaise est plus longue que celle d'un dragon. Il est midi et... *C'est que le début, d'accord, d'accord.*

La foule est coincée entre les deux pays. Entrée au compte-gouttes. La sueur dégouline sur les joues rougies des touristes.

Les heures s'allongent comme des semaines (...)
Tu te retrouves seule assise par terre (...)

Pourquoi dans ces moments-là des chansons pourries me viennent-elles toujours dans la tête ?

Soleil de plomb, pas d'ombre. Quatre heures d'attente entre 12 heures et 16 heures en plein cagnard, je sue, je tremble, je me badigeonne de crème indice cinquante. Chapeau de soleil. Je vide ma bouteille d'eau tiède. Coincée, impossible d'aller chercher une autre bouteille. Je vais mourir desséchée ! Couleur écrevisse des visages, sitting avant la douane. Les regards deviennent flous, les gens s'affalent par terre. La frontière semble si lointaine. Les sourires cambodgiens s'estompent, les regards thaïlandais sont comme un mirage dans le désert...

Et ça continue, Angkor et Angkor... C'est que le début, d'accord, d'accord...

Je fonds. Je revois la statue du Roi lépreux à la main brisée, les cochons mis en offrandes aux dieux, les visages de pierre et les ficus étrangleurs aux racines tortueuses qui serpentent, entourent, dévorent le roc, prêts à tout engloutir, la mystérieuse cité qu'un rien ne pourrait éveiller. Je vois les serpents se faufiler sous les tombeaux silencieux, les éléphants s'animer, les bras des statues s'agiter. Je tangue, je sombre. Les bouddhas s'éveillent, je me liquéfie, les chauves-souris s'envolent, les arbres se fissurent, les lianes ruissellent et la forêt m'enlace, les racines obscures s'étirent, les colosses rocheux s'ébranlent et ma tête tourne. 40 °C à l'ombre et quelle importance après tant de beauté, de nature inconcevable, de culture inégalable ? Les pieuvres végétales s'étirent, la grâce a saisi, mordu, griffé. Les singes cavalent, les buffles jaillissent, les félins gémissent et triomphent de la pierre et du temps. Le temps n'existe plus. Figé, brisé. Il s'est accéléré, retour, avance. Le temps n'est rien. Chanceler après avoir vibré. S'écrouler. Languir. Se laisser anéantir par l'astre de feu qui brûle, qui brûle et la soif n'est plus rien.

Soudain, tout s'arrête.

Arrivée enfin près du bâtiment de douane, de l'ombre. Je quémande une goutte d'eau à un douanier, prisonnière dans la file derrière des barrières. Je me sens tel Moïse après une traversée du désert (rien que ça). Je tends ma bouteille. J'hérite des dernières gouttes d'eau potable d'une citerne.

Ça y est, entrée dans le bâtiment. De l'ombre ! Encore une heure à patienter.

Passeport, visa, passage.

De l'autre côté, attente du bus. Deux heures encore.

Puis c'est parti pour Bangkok.

Encore quatre heures de bus.

Et ça continue, Angkor et Angkor...

AFRIQUE

Je n'ai eu qu'un modeste aperçu de l'Afrique, de haut en bas : j'ai visité le Maroc, le Burkina Faso et l'Afrique du Sud, avec un petit tour au Lesotho. Autant dire que, d'un bout à l'autre, je me suis trouvée dans des univers qui n'ont rien à voir les uns avec les autres. Un continent immense, sur lequel il me faudra retourner !

Je garde un merveilleux souvenir de mes randonnées dans l'Atlas et dans le désert marocain, de paysages grandioses et de jolies rencontres, mais je ne vous en parlerai pas ! Je préfère vous parler d'Agadir...

Le Burkina ? J'y suis allée pour faire du soutien scolaire dans la banlieue de Ouagadougou. Beaucoup de chaleur... et pas seulement en raison de la température !

Quant à l'Afrique du Sud... c'est l'un des plus beaux voyages de ma vie ! Un vrai paradis pour les amateurs de nature et de plantes !

Comment écouter Céline Dion
dans un hôtel chic à Durban

Every night in my dreams, I see you, I feeeel you...
Non mais je rêve ! J'imaginais plutôt entendre *Asimbonangaaaaa...* en arrivant à l'accueil de l'hôtel Blue Waters.

Deux gros malabars montent la garde devant la porte et me regardent de haut. Gentils, les gars, gentils. Cela dit, comme mon frangin m'a raconté qu'un de ses collègues s'était fait descendre dans le hall d'accueil d'un hôtel en Afrique du Sud, je ne suis pas contre la présence de ces deux bulldogs.

En prenant l'ascenseur, je croise un Sud-Africain blanc, chapeau de paille, grisonnant, chemisette à fleurs, bronzage notoire, nonchalance à l'australienne. Il se croit où, celui-là ? On n'est pas au Club Med ! En regardant le jeune homme élancé et musclé qui porte mes bagages, il me dit :

— Ça vous fait quoi de voir un vrai Zoulou ?

Je ne sais pas comment le prendre. C'est peut-être censé être drôle... Eh bien ça me fait que je trouve le grand Zoulou sacrément bien foutu et que ça ne m'aurait pas dérangé qu'il en retourne une au petit Blanc gringalet avec sa ridicule chemisette à fleurs !

Je m'installe dans ma chambre. Quelle classe ! Lit immense et couette énorme, salon cosy, propreté impeccable. Où sont les blattes qui me tiennent souvent compagnie au cours des nuits indiennes ? Les geckos qui aboient et galopent sur les murs des auberges d'Asie ? Les araignées coquines qui m'épient à chaque coin de plafond ? Les moustiques roublards prêts à tout pour venir s'abreuver de sang chaud ? Pas de créatures facétieuses dans les hôtels d'Afrique du Sud (à part les malabars de l'entrée et les guerriers zoulous).

Je vais dîner dans le restaurant panoramique.
Every night in my dreams, I see you, I feeeel you...
Encore ! Ils pourraient au moins nous mettre du Johnny Clegg ! Mais non, c'est bien *Titanic* que l'on entend dans le restaurant, avec la voix de notre Céline internationale. La musique d'ambiance est propice à nous faire sombrer : que ce soit au fond de l'océan, dans le sommeil ou dans le sombre passé de ce pays.

J'approche de la baie vitrée. Oh, les beaux surfers ! J'admire l'océan Indien et les courageux qui s'attaquent aux vagues. Mais... il n'y a pas des requins dans ce coin ? Un grand Zoulou me dit que la probabilité de mourir électrocuté par un grille-pain défectueux est beaucoup plus importante que celle de finir dévoré par les dents de la mer. Me voilà rassurée. (J'ignorais que les guerriers zoulous utilisaient des grille-pains.)

Au dîner, on me sert des pancakes avec de la confiture de fraise et du fromage râpé dessus. Miam miam...

Des vrais Zoulous, j'en vois d'autres le lendemain. Sur l'autoroute, à la station-service, en faisant une pause pour faire le plein, j'aperçois des Zoulous en costume traditionnel. Tenue traditionnelle, chapeau traditionnel, chaussures traditionnelles (c'est-à-dire pieds nus...). Ils mangent aussi... une glace traditionnelle au snack !

Every night in my dreams, I see you, I feeeel you...

Comment recevoir une déclaration d'amour atypique à Agadir

La voyageuse solitaire passe rarement inaperçue. Le simple fait d'être seule – et blonde par-dessus le marché – est suffisant pour attirer les regards masculins, tantôt pesants, tantôt amusants, tantôt charmants, tantôt lassants. Tel le fameux marin qui, comme le veut la légende, a une femme dans chaque port, on peut ainsi se vanter d'avoir des admirateurs aux quatre coins de la planète. Évidemment, certains pays sont plus propices que d'autres aux rencontres fortuites et aux déclarations d'amour les plus improbables.

L'Américain du Nord est trop puritain pour être entreprenant et ne veut pas risquer de se retrouver avec une plainte au derrière pour le simple fait d'avoir tenu la portière d'une dame. Le Russe est trop galant pour être emmerdant. Le Polonais est inoffensif, il vous regarde à peine, ayant trop l'habitude de croiser quantité de jolies blondes. Ça se gâte un peu en Asie. Le Chinois et le Vietnamien ne sont pas très dragueurs, mais le Malais pourra éventuellement poser un regard un peu insistant sur une femme qui ose déballer chevilles, bras ou cheveux indécents. Quant aux Indiens, c'est une autre paire de manche. Le simple fait d'être blanche suffit à donner l'impression d'être plus célèbre qu'une actrice de Bollywood !

Mais c'est sans doute sur le continent africain que l'on trouve les admirateurs les plus coriaces... Pardonnez-moi si je tombe dans la caricature mais ce texte n'est pas un traité anthropologique pointu sur le comportement dragueur de l'homme face à la voyageuse seule, blonde et aventureuse.

C'est justement en Afrique du Nord, au Maroc, qu'un jeune homme va me faire une déclaration des plus originales.

Il faut dire que je suis ici parce que j'ai eu l'idée géniale de faire un truc de dingue. Absolument incroyable. Que je n'avais jamais eu le courage de réaliser avant. Passer des vacances différentes. Rien à voir avec ce que j'ai connu jusqu'à présent. Je me suis dit que, parfois, il faut savoir prendre des risques. Il faut oser ! Tenter des expériences insolites. Revoir sa conception du voyage. Changer. Innover. Basta le trekking dans le désert ! À bas la traversée de continents en train ! Adieu bénévolat dans la taïga ou sur les plages du Karnataka ! Bye-bye sac à dos et crapahutage sur des routes incertaines !

Non. Je suis ici pour faire autre chose. Pendant une semaine. Seulement une semaine. Mais c'est déjà beaucoup. C'est déjà trop. Bien sûr on s'est inquiété pour moi. Allais-je supporter ? Est-ce que ça n'allait pas être trop difficile ? Allais-je m'adapter ? Dans quel état allais-je revenir ? Tant de questions qui je l'avoue m'ont fait frissonner avant le départ.

Et pourtant, dans un élan de *bravitude* absolue, je l'ai fait ! Passer une semaine complète dans un hôtel au bord de la mer à Agadir ! Voilà, c'est dit... Mais faute avouée, à demi pardonnée.

Pour relativiser un peu, la situation n'est pas si confortable que ça. Déjà, je suis bien seule et livrée à moi-même. Ensuite, j'ai évité de choisir un hôtel club avec buffet à volonté pour me contenter d'un modeste hôtel où, le premier matin, en ouvrant les volets, j'ai eu la joie de découvrir la vue imprenable sur les poubelles et le mur de l'hôtel d'à côté. Je n'allais quand même pas prendre le risque fou de dormir dans un cinq étoiles avec animations débiles !

Pour revenir à mes moutons, c'est-à-dire aux admirateurs collants, inutile de dire qu'ici, tout le monde est charmant. Chaque jour, j'ai droit aux lumineux sourires des messieurs croisés dans la rue.

Un soir après dîner, je décide d'aller faire un tour sur la promenade en bord de mer. Je suis l'unique Blanche de sortie – on est bien sûr hors saison –, je n'échappe ni aux regards des hommes ni à celui des femmes puisque, olala, j'ose me promener seule le soir, quand seuls les mâles ou les prostituées s'autorisent à prendre l'air. Ou parfois les vacancières, mais seulement en compagnie de leur mari protecteur.

Je ne me sens finalement pas trop à l'aise et décide de rentrer à l'hôtel (où j'ai changé de chambre pour avoir vue sur la piscine). Quand soudain, un jeune homme m'interpelle et commence à me suivre. Je ne saurais trop le décrire, il fait bien sombre sur le chemin du retour.

Il veut aller boire un verre, me connaître et blablabla. Je lui dis que mon mari m'attend à l'hôtel, technique qui fait généralement ses preuves. Mais cela ne le décourage pas. Et voilà qu'il me dit l'une des phrases les plus charmantes qu'il m'ait jamais été donné d'entendre. Romantiques, accrochez-vous, le niveau est plus élevé que les sommets de l'Atlas !

— Tu sais ce que j'aime bien chez toi ? me demande-t-il.

Je ne sais pas. Je m'attends aux pires banalités... Ton sourire angélique. Tes yeux féeriques. L'éclat de tes cheveux dorés ou encore la douceur de ton visage pâle. Voire, tu as de belles dents, tu sais (ça, un Canadien me l'a déjà fait). Ou pourquoi pas : tu es française. Car oui, c'est un gros avantage pour se faire des admirateurs de venir du pays le plus romantique du monde.

— Non. Quoi ? demandé-je naïvement.

C'est toujours flatteur de recevoir des compliments. Même si ce sont ceux d'un illustre inconnu qui vous bassine entre la baie d'Agadir et votre hôtel deux étoiles, ce qui est loin de mener au septième ciel, vu le prix des hôtels au Maroc.

— Eh bien ce que j'aime chez toi, me répond-il avec un raffinement insoupçonné, c'est que t'es pas grosse.

Ah... ! Eh bien voilà un homme qui sait parler aux femmes ! Et c'est dit de manière si naturelle, si spontanée. C'en est presque touchant. Je ris, car en fin de compte, c'est peut-être de l'humour.

Mais non, il est sérieux !

Comment se rendre au Lesotho sans écraser de chien

Un Australien au pantalon rose me rassure pendant que j'attends désespérément le bus. Ne pas s'inquiéter, c'est normal, ils sont toujours en retard.

Je suis dans la ville de Pietermaritzburg, province du KwaZulu-Natal, en Afrique du Sud, en partance pour le Lesotho, ce petit pays méconnu. Enfin, surtout connu pour son niveau de pauvreté. De hauts plateaux montagneux, une contrée mystérieuse, un royaume isolé, de grands espaces : voilà de meilleurs arguments pour me pousser à y mettre les pieds !

J'attends donc. J'ai l'habitude. Et puis je suis en sécurité, derrière les barbelés entourant la *guesthouse* où j'ai logé deux nuits, une coquette auberge tenue par un ancien grand baroudeur australien (en pantalon rose).

Je n'ai passé qu'une pleine journée dans cette ville. C'est suffisant. L'atmosphère y est aussi rassurante que dans la plupart des villes du pays, et la sympathique petite paranoïa ambiante n'arrange rien. Toutes les propriétés sont entourées de hauts murs, de barbelés, gardées par des chiens méchants, équipées de vidéosurveillance et mises sous alarmes. J'ai juste visité hier le jardin botanique, situé à quelques kilomètres du centre. Immense et superbe. J'y suis allée en taxi, mais au retour, ça s'est compliqué. Plus personne à l'accueil, plus de visiteurs, pas d'arrêt de bus, pas de téléphone. Heureusement, un ouvrier, la cinquantaine, qui faisait des travaux sur le parking, m'a proposé de me déposer. J'ai accepté, peu enthousiaste, sachant qu'il pouvait très bien m'emmener n'importe où pour me découper en morceaux, chose somme toute relativement banale dans ce pays. Mais tout s'est bien passé. Il était adorable, m'a déposée devant la porte et a attendu gentiment que j'aie passé le portail pour redémarrer. Il m'a aussi expliqué qu'il habitait encore chez sa mère et m'a laissé son numéro. Un bonhomme de 50 ans qui vit toujours chez sa maman dans un bled paumé d'Afrique du Sud... Merci bien !

J'attends toujours ce maudit bus. En fait, c'est un minibus censé faire le tour des hébergements de la ville pour récupérer les passagers. Je bouquine un excellent roman de Coetzee. Je bois un thé rooibos. Je papote avec deux Allemands en bermudas qui mangent des chips.

J'attends.

Je discute avec deux Françaises qui voyagent ensemble mais qui ne partiraient jamais seules en Afrique du Sud. Mais alors... jamais !

Deux heures plus tard... le gérant baroudeur australien passe un coup de fil à la compagnie et m'annonce que le bus a eu un accident. Ce n'est pas grave : un autre arrivera bientôt ! Rassurant...

J'attends.

Deux heures s'écoulent encore. Le gérant baroudeur passe un autre coup de fil.

Cette fois, le bus m'a oubliée ! Me voilà coincée à Pietermaritzburg. La perspective de m'éterniser dans ce bled entre les barbelés ou d'aller boire un verre avec un vieux garçon qui peint des places de parking ne me fait pas trop rêver. Au secours !

Mon sauveur (le gérant baroudeur australien) appelle le lodge où j'ai réservé ma prochaine nuit et trouve une solution. Un ami de la patronne, en ce moment à Pietermaritzburg, va venir me chercher. Merveilleux !

Je poireaute donc encore. Après tout, ça fait cinq heures que je patiente, je ne suis plus à ça près. Il doit venir à 16 heures, ce qui me laisse le temps d'aller déjeuner. Je reviens à 15 h 30 et… voilà que je me fais enguirlander car je suis en retard !

Je prends place dans une petite voiture qui ne passerait pas le contrôle technique et nous démarrons. Je suis assise à l'avant, à la « place du mort ». Les ressorts du siège me chatouillent les fesses. Derrière, une copine du chauffeur mâche bruyamment un chewing-gum. Nous partons sous une pluie battante et empruntons l'autoroute. Je me sentirais mieux s'il y avait une ceinture de sécurité et des essuie-glaces. On ne voit pas grand-chose de la route, d'autant moins qu'il commence à faire nuit. J'en veux au chauffeur de bus de m'avoir oubliée.

Nous quittons enfin l'autoroute, la pluie se calme un peu. Mais plus nous avançons dans les montagnes, plus le brouillard se fait dense. On ne voit maintenant plus rien du tout. On n'arrivera jamais à destination. C'est impossible ! Je demande si on peut s'arrêter. Je suis prête à passer la nuit ici, au bord de la chaussée, avec deux inconnus, en attendant des conditions de circulation un peu plus clémentes. Mais pas la peine. Le conducteur a l'habitude. Tout va bien.

Nous sommes maintenant sur une toute petite route de montagne. Ravin d'un côté. Éboulis de l'autre. Brouillard à couper au couteau. Un temps de phacochère. Je ne suis pas croyante mais… je prie pour arriver entière. La copine du chauffeur chantonne pour détendre l'atmosphère. Mais l'atmosphère n'est pas détendue. Mais alors pas du tout ! Il pourrait arriver n'importe quoi. Surtout qu'ici, les gens n'hésitent pas à traverser n'importe où, n'importe comment, y compris sur l'autoroute.

J'ai peur. Finir sa vie dans un accident de voiture en se rendant au Lesotho ne me réjouit pas trop, même si c'est toujours plus classe que sur l'A31. Je tente de chasser mes sombres pensées, d'oublier l'ambiance digne d'une nouvelle d'Edgar Poe quand soudain, une ombre surgit devant nous.

Trop tard ! C'est le choc. Immédiat. J'ai juste aperçu une silhouette. Quatre pattes. Pas un homme. C'est déjà ça. Chèvre ? Chien ?

— *Just a dog*, dit le chauffeur.

Ce n'est rien. Pour lui, ce n'est rien. Juste un chien. Ça aurait aussi bien pu être un enfant. Une vieille dame. Un villageois. Ou une touriste échappée d'un bus en panne. Mais il n'y a rien à faire. On ne s'arrête pas, pour ne pas connaître le même sort que le chien. La route continue…

Nous arrivons très tard au lodge.

Comment poireauter de nuit à l'aéroport de Ouagadougou à cause d'une panne de mobylette

Zzzzzzz… (bruit de petites bêtes qui piquent).

Je viens d'atterrir à l'aéroport « international » de Ouagadougou. International ? Il est plus petit que celui de Metz-Nancy, l'unique W.-C. est constitué d'un trou et d'une porte qui ne ferme pas et je suis la seule blonde.

Devant la sortie, personne ne m'attend. Ben elle est où la traditionnelle pancarte avec mon nom écrit au stylo bic ?

Zzzzzz… Seuls les moustiques sont au rendez-vous.

Les passagers de l'unique avion atterrissant à cette heure-là quittent progressivement l'aéroport et le lieu se vide. Euh… et moi ?

Une heure plus tard… Je tente de téléphoner à mon contact, le Burkinabé de l'association censé venir me réceptionner. Personne au bout du fil.

— Madame, madame !

Tous les chauffeurs de taxi se battent pour m'emmener depuis qu'ils m'ont aperçue, moi, la paumée qui débarque pour la première fois en Afrique. Mais non, on va bien finir par venir me chercher ! Je regarde sans cesse l'heure, le temps passe et rien ne se passe. Un chauffeur de taxi se met à rire :

— Les Blancs ont toujours une montre et n'ont jamais le temps !

Tu parles… Comme si c'était sympa d'être la dernière personne à poireauter à l'aéroport à 3 heures du matin quand on est la seule femme et la seule Blanche, justement ! Je commence à fondre comme Blanche-Neige au soleil sous le climat tropical (même la nuit).

L'aéroport va fermer et ne me restent que deux solutions : passer la nuit ici en compagnie de moustiques ou trouver un hôtel. J'opte pour l'option 2.

Je prends l'un des trois taxis encore en lisse pour tenter d'emporter la mise (moi !). Je me retrouve dans un vieux tacot vert sillonnant les rues noires de Ouagadougou. Les routes ne sont ni goudronnées ni éclairées. Le pauvre véhicule déglingué, décédé en Europe, a droit ici à une seconde vie. Pas de ceinture de sécurité. Porte impossible à fermer. Freins couinants. Un pneu à plat. Seul l'autoradio fonctionne correctement et diffuse quelques chansons insolites. Un chanteur populaire africain accompagné de percussions dynamiques fredonne un air entraînant : « Caresse ta femme… aime ta femme… » Le cercueil à roulettes n'est finalement pas si mal !

À 4 heures du matin, le taxi me dépose dans un hôtel, un peu au hasard. Pas de moustiquaire dans la chambre ! Et les piqûres, le palu, la fièvre, la détresse respiratoire, la mort ? Un peu parano, je sors une moustiquaire de mon sac à dos et bricole un système pour l'installer en tendant les fils entre la poignée de la porte et celle de la fenêtre.

Chaleur étouffante, ventilation en panne. Rue très bruyante. Je ne peux fermer l'œil de la nuit. Je tente une douche au petit matin : seul un très mince filet d'eau s'écoule lentement. Un lézard se promène sur le mur de la salle de bains. Des maudits moustiques sont posés sur le carrelage craquelé. Je regarde mes premières piqûres, certaine d'avoir déjà attrapé le palu.

Je prends mon petit-déjeuner : tartines beurrées, ou plutôt beurre à la tartine et Nescafé. On ne trouve pas de vrai café ici : le comble dans un pays voisin de grandes régions productrices de délicieux arabicas.

C'est un matin de janvier et je sue déjà sous mon débardeur. Des gamins passent dans la rue, vêtus de laines polaires. C'est l'hiver pour eux !
Les piqûres me démangent. Ils ne m'ont pas loupée, ces fumiers...
Je tente de rappeler mon contact. Il m'explique qu'il n'a pas pu venir me chercher à cause... d'une panne de mobylette !
Il passe finalement me prendre à l'hôtel avec son deux-roues. Et me voilà cramponnée à lui, mon gros sac à dos sur le dos, ma valise entre ses jambes et mon petit sac à dos sur le guidon. Il me rassure en précisant que s'il n'a pas de phares, il a au moins des freins !

Comment faire la connaissance de coéquipiers qui ne se supportent pas pour aller voir les baleines en Afrique du Sud

On dit souvent qu'il vaut mieux être seule que mal accompagnée.

Assise au bar d'une auberge à Cape Town, je déguste un ragoût de koudou. (Vous n'avez qu'à aller faire un safari pour savoir à quoi ressemble la bête.) Un grand gaillard s'installe à mes côtés. La cinquantaine, grisonnant, un peu dodu, jean râpé et chemise à carreaux. Un vrai look de cow-boy. Moins sexy que les gars des pubs Marlboro mais sympa. C'est John, originaire de Calgary. Il commande une bière et me raconte qu'il fait un voyage de six semaines avec la femme qui bouquine un peu plus loin sur un canapé.

Le lendemain soir, je me retrouve par hasard attablée à côté de la dame en question. Élégante, vêtue d'une jolie robe d'été, d'un collier de perles classique, un brushing d'actrice anglaise. D'ailleurs, elle est anglaise. C'est Emma, originaire du Yorkshire. Après avoir déjà passé trois semaines dans le sud de l'Afrique du Sud, elle s'apprête à remonter la côte pour se rendre à Kruger.

Je lui demande naïvement :
— Vous voyagez avec votre mari ?
— Mon mari ? Quoi ? ! Lui, mon mari ? Ce vulgaire Canadien... mon mari ? Mais vous plaisantez ? Il est aussi grossier qu'un buffle ! Plutôt mourir que d'épouser un type pareil !
— Alors c'est... un ami ?

— Un ami ? Comment être ami avec ce genre d'individu ! Il a autant de culture qu'un poisson rouge. Ou qu'un Américain !

— Mais… vous voyagez ensemble, non ?

— Oui, quelle idée ! Il me pourrit mon voyage ! Un enfer !

— Alors pourquoi voyagez-vous avec lui ?

— Pour partager les frais. On a loué un 4 x 4.

— Et vous vous entendiez bien… avant ?

— On ne se connaissait pas. On s'est rencontrés sur Internet. Sur un site de voyage, dans un forum de recherche de coéquipiers.

— Humm humm…

Penser à lui lui hérisse le poil. Elle retourne dans sa chambre.

Arrive alors son coéquipier. Il m'offre une bière. Je lui raconte que je viens de rencontrer sa compagne de voyage que j'avais prise pour sa femme.

— Ma femme ! Non, mais vous rigolez ! Cette p… d'Anglaise coincée ! Plutôt rester seul qu'avec une pimbêche pareille ! Non, mais vous avez vu ses airs de bourgeoise enfarinée ? ! J'ai pas les moyens de louer un 4 x 4 tout seul, c'est tout.

— Mieux vaut voyager seul que mal accompagné…

— Vous faites quoi demain ? me demande-t-il. Si ça vous tente, on va essayer de voir des baleines au cap de Bonne-Espérance. Ça vous dit de venir avec nous ?

— Eh bien… pourquoi pas ?

Soyons fous. Un peu de compagnie devrait les – et me – changer !

Le lendemain matin, à l'arrière du véhicule, j'ai l'impression d'être une gamine qui voit ses parents s'engueuler. « C'est encore loin ? », j'ai envie de demander.

On s'arrête dans un bled voir les manchots du Cap qui déambulent gaiement sur les rochers et même dans le village. Ils n'ont pas l'air bien stressés. Eux. Les touristes les regardent d'un air amusé. Et réciproquement. Ils doivent se demander quel genre de pingouins rient bêtement en les photographiant.

Nous repartons et apercevons des babouins au bord de la route.

— Ils me font penser à quelqu'un, dit le Canadien en jetant un coup d'œil à sa passagère de droite.

Elle le fusille du regard.

— Les Anglaises n'ont pas d'humour, me dit-il.

Emma pousse un soupir de désespoir.

John gare alors la voiture sur le bas-côté.

— Qu'est-ce que tu fabriques ?! demande Emma.

— Je veux prendre une photo des primates.

— C'est lui qui parle de primates ? me fait remarquer Emma.

C'est vraiment chouette de voyager avec eux.

On sort du véhicule. Je m'éloigne un peu pour admirer la côte déchiquetée et tourmentée. L'Anglaise en profite pour se cacher derrière une protéacée en fleur pour une pause pipi et le cow-boy prend ses photos.

Soudain, j'entends un cri. Emma.

— *No ! No ! No ! Come back !*

La porte de la voiture est restée ouverte et un babouin a dérobé son sac à main. Des touristes se sont arrêtés et rient aux éclats.

— *Come back ! Fucking monkey !*

Mais le babouin n'est pas décidé à revenir. Mieux : il ouvre le sac, en sort le portefeuille et jette le sac.

— *No ! No !* Fais quelque chose ! s'écrie-t-elle à John.

Mais John va s'étouffer tellement il rit.

Et voilà que le babouin ouvre le portefeuille et en sort une carte bancaire qu'il commence à dévorer, devant les yeux horrifiés d'Emma. Le primate s'éclipse sur un rocher et la pauvre Anglaise récupère son sac à main et son portefeuille. Sans carte bancaire.

Nous repartons en direction du cap de Bonne-Espérance.

— C'est la première fois que je ris autant avec toi ! dit John. J'ai failli me pisser dessus !

Emma craque.

— Plus jamais je ne voyage avec toi ! Plus jamais je ne voyage avec un Canadien ! Plus jamais je ne voyage avec quelqu'un ! La prochaine fois je voyagerai... seule !

PANAMÁ

Avant mon départ. Le médecin (qui a travaillé dans les Caraïbes) :
— Vous partez au Panamá ?
— Oui.
— Pourquoi ?
— Pourquoi pas ?
— C'est très américanisé quand même...

Un copain (grand voyageur) :
— Pourquoi tu vas au Panamá ?
— Pourquoi pas ?
— Ben... c'est quand même moins bien que le Chili ou le Groenland. Et puis... c'est trop développé !

La pharmacienne (qui m'a vendu de l'Insect Écran) :
— Vous allez où sous les Tropiques ?
— Au Panamá.
— Où ça ?
— Au Panamá.
— Ah... Pourquoi vous allez là-bas ? Pour le travail ?
— Non, en vacances.
— Ah... mais... vous avez de la famille là-bas ?

— Non.
— Ben pourquoi vous allez là-bas ?

Une copine :
— Paname, Paname... pas très exotique quand même.

Bon, ça donne envie tout ça !
Qu'on se rassure, d'après une enquête récente (sérieuse ?), dans le classement des pays où l'on était le plus heureux en 2013 et 2014, *the winner was...* Pas la France, classée 51e ! Pas les pays nordiques (le Danemark était quand même 3e). Non. *The winner was...* le Panamá ! Juste devant le Costa Rica. L'étude s'est basée sur différents critères : vie sociale, santé, finances, sentiment d'avoir un but précis dans la vie... alors... pourquoi pas le Panamá ? Je suis allée là-bas, justement parce que peu de monde y va. Ou avant que tout le monde n'y aille ! La Ciudad de Panamá est une capitale passionnante, avec une vieille ville superbe, des ruines fascinantes à Panamá vieja, un musée de la biodiversité flambant neuf, imaginé par Frank Gehry (pour une fois qu'une architecture originale n'est pas seulement dédiée à un musée d'art contemporain...), le mythique canal et son histoire mouvementée, son port où l'on peut déguster de délicieux ceviches, et le reste du pays, si petit mais si dense, avec ses forêts luxuriantes, son incroyable richesse floristique et faunistique, sa diversité de populations et de cultures, ses mangroves, ses plantations de café... Bon, je vais m'arrêter là, je ne travaille pas pour l'agence de promotion touristique du pays !

Comment passer pour une fille volcanique dans un cratère panaméen

Pourquoi elle me regarde comme ça, cette serveuse ? ! Elle n'a jamais vu une blonde dans son bar ? Il avait l'air sympa, pourtant, ce café-restaurant. Enfin... de l'extérieur. Maison en bambou et musique salsa. Et puis... je meurs de soif. J'ai envie d'un bon jus de fruits frais.

Je suis à El Valle, un village à 500 m d'altitude, qui n'a rien à voir avec une vallée. C'est même situé... dans le cratère d'un volcan ! Éteint, je vous rassure. Je viens de faire la plus fameuse randonnée du coin : la *India dormida* (« l'Indienne endormie »). Je ne sais pas pourquoi elle roupille, cette Indienne, mais moi aussi je suis crevée et je ferais bien une sieste. La balade a été plus longue que prévu...

Un « plan » était distribué à l'entrée du sentier : un mini-polycopié représentant une flèche qui monte vers le sommet, deux flèches à droite qui indiquent des cascades et trois flèches à gauche précisant : « *No !* » Mon petit neveu de 10 ans aurait pu faire une carte plus élaborée. Et ce qui devait arriver arriva. Complètement paumée !

J'ai suivi trois Panaméens. Ils devaient bien connaître un peu le coin, eux, non ? Non. On a fini au milieu d'une bananeraie avec le paysan qui rouspétait car on était sur sa propriété. Trois cochons dans un enclos se sont aussi mis à grogner à notre passage. Si on ne peut même pas compter sur la solidarité des suidés... On est quand même arrivés enfin au sommet. Le paysage ? On se serait crus en Auvergne ! C'est bien la peine de venir jusqu'ici ! Ça ne vaut pas l'Eyjafjöll, l'Öræfajökull ou même le Theistareykjarbunga... (Le Vésuve se réveillera avant que vous n'arriviez prononcer ces noms-là.)

La serveuse débraillée me regarde toujours de travers : pas de jus de fruits ici. Un goût de jamais vu. Euh... du thé ? Pas de thé ici. Bon, alors, qu'est-ce qu'ils ont ici ? De la Volvic ? Non, bière ou rhum. Du rhum ? À 4 heures de l'après-midi, raplapla après la *India dormida* dans la fournaise tropicale ?

Je commande une bière. Et là... je me rends compte... qu'il n'y a que des bonshommes ! Ils me regardent tous ! Je viens de rompre la quiétude du lieu. Jusque-là amorphes derrière leurs verres, ils s'éveillent peu à peu. C'est vrai qu'on voit souvent rejaillir le feu de l'ancien volcan qu'on croyait trop vieux...

L'un me fait des clins d'œil très exagérés, d'autres me tendent leur bouteille de bière comme pour trinquer. Ils n'arrêtent pas de m'appeler, de me faire des signes, des clins d'œil, de siffler... Mon entrée a fait l'effet d'une bombe. Des fumerolles se dégagent de leurs narines. Je m'aperçois que je ne suis pas dans un restaurant quelconque pour touristes, ni pour les familles panaméennes, mais dans une *cantina*. Bar réservé aux hommes où l'on ne sert que de l'alcool. Endroit déconseillé aux femmes, même accompagnées ! Euh... je passe pour quoi, moi ? Pour une fille effusive, explosive ou magmatique... La serveuse m'apporte une deuxième bière que je n'ai pas commandée, offerte par l'un des gugusses. Un volcan s'éteint, une blonde se réveille. Sauve qui peut !

Comment rencontrer des « locaux » sur une plage pourrie au Panamá

La plage, enfin ! Le sable, la mer, l'eau !

Au départ, je suis venue dans ce bled pour visiter une zone aride. Quelle drôle d'idée dans une région tropicale humide et luxuriante ! Mais ça a du bon la déforestation : un désert aujourd'hui classé parc national au doux nom de Sarigua. Sauf que j'ai failli mourir de chaud en parcourant les 4 km à pied pour arriver sur le site. 4 km, ça n'est rien, mais quand il fait plus chaud que dans un four micro-ondes, on a l'impression de traverser le Rub al-Khali sans chameau pour porter son sac à dos, ou le Sahara sans beau patient anglais.

Alors l'océan qui s'annonce maintenant et cette plage, paraît-il essentiellement fréquentée par les « locaux », n'est-ce pas merveilleux ? Les « locaux », ces vrais gens, comme vous et moi, sauf qu'eux, ils sont vraiment de là-bas, enfin d'ici, alors que nous, on n'est pas d'ici, mais de là-bas... Vous me comprenez, n'est-ce pas ?

Bon, le trajet en bus depuis Chitré qui devait durer vingt minutes prend finalement une heure, mais j'arrive bel et bien à la playa El Agallito. Je vais pouvoir me baigner dans la fraîcheur du Pacifique ! Et surtout, je pourrai observer les oiseaux dans la mangrove depuis la tour d'observation de la station biologique à proximité.

Mais où est cette maudite plage ? Je vois juste une espèce de bar-terrasse fréquenté par une famille et trois pauvres types, ainsi qu'un remblai en béton de 20 m de long, genre promenade des Anglais un peu discount. Je ne suis peut-être pas au bon endroit. En fait... si ! J'emprunte alors un chemin en espérant trouver la tour d'observation des oiseaux. Une habitante m'accoste : c'est pas par-là, y a rien à voir, c'est pas ici.

Lassée de chercher sans rien trouver, je finis par boire une bière sur la terrasse et comprends enfin que c'est tout simplement... marée haute ! La famille panaméenne me regarde comme si j'étais un drôle d'oiseau en migration venant de se poser dans la mangrove. Un drôle d'oiseau, j'en rencontre un autre, justement. Un « local » vient s'asseoir à ma table et c'est l'occasion de pratiquer mon espagnol. Il est plutôt sympa. Mais j'avoue que j'aurais autant apprécié la compagnie du chevalier semipalmé, du héron tricolore ou de l'ani à bec lisse...

Comment prendre un bus panaméen avec un chapeau équatorien et un tee-shirt *made in China*

On reconnaît les touristes. Ce sont les seuls à porter un panama (ces chapeaux sont fabriqués en Équateur). Au début, j'attends avec un couple d'Américains. Puis voilà deux Anglais. Puis deux Panaméens. Puis trois. Puis deux autres. Puis encore des touristes en tongs, débardeurs, tatouages beaufs et... chapeaux équatoriens.

Une heure et demie plus tard, nous sommes vingt-cinq à poireauter au bord de la route, à la sortie du parc botanique et zoologique, non loin du canal. Le célèbre canal ? Des écluses... Dépaysant ! C'est vrai, ça ressemble un peu au canal qui relie la Marne au Rhin ! Sauf qu'ici les bateaux transportent des marchandises fabriquées en Chine. Je regarde l'étiquette de mon tee-shirt : *made in China*. Mon tee-shirt a fait le voyage avant moi !

Une heure et demie plus tard, donc... Voilà le bus ! Mais il est déjà plein. Pas grave ! On pousse, on pousse, on pousse... Tout le monde va rentrer. Si, si ! Enfin... sauf qu'on ne peut plus fermer la porte, les derniers se cramponnent et font du rappel au-dessus de la route. Je suis coincée entre un Panaméen volumineux et un Allemand plein de coups de soleil. Je me retrouve raplapla comme une tortilla et ça sent le tapir. Musique salsa à fond. Le chauffeur ne voit pas grand-chose avec sa casquette qui lui tombe sur les yeux. Il lâche le volant de temps en temps pour regarder son portable. Je comprends mieux pourquoi, la dernière fois que j'avais pris le bus, mon voisin panaméen avait fait un signe de croix en partant.

ÉTATS-UNIS ET EUROPE

Dans les pays occidentaux, on trouvera souvent moins de différences culturelles qu'avec les autres pays du monde. Et pourtant... tout voyage offre une grande diversité de paysages, d'histoires et de rencontres, pour peu qu'on ouvre un peu les yeux... Étendues grandioses de l'Irlande, charme des Carpates, vallées méconnues des Vosges, capitales culturelles passionnantes, etc. Je ne rapporte pas toujours d'anecdotes originales. Raconter que j'ai visité un musée fort intéressant ou une place « qui vaut le détour » ne fera sourire personne. Cependant, aller planter sa tente au fin fond de la Slovaquie ou dormir en chambre d'hôtes en Autriche peut réserver quelques moments mémorables ! Même si la « blonde » passe plus inaperçue dans ces contrées, elle ne manquera pas de vivre parfois de croustillantes aventures !

Comment rencontrer deux filles
qui ont le même mec à San Francisco

Dave est formidable. Grand baroudeur et très cultivé, Dave va bientôt publier un guide de voyage « novateur » intitulé *Voyager sans un rond*. Dave est malin et débrouillard. Dave est un peu radin mais Dave est l'Américain parfait...

Dans ce restaurant mexicain de Castro, le quartier gay de San Francisco, Maggie me parle de Dave pendant une demi-heure. Elle a tiré le gros lot, elle a trouvé basket à son pied.

Maggie est une amie d'amie d'amie. Elle va m'héberger une nuit dans la plus belle ville du monde avant de partir quelques jours dans le Nevada avec son fameux Dave, au mythique festival du Burning Man. Nous faisons donc connaissance en mangeant des fajitas. Elle est journaliste pour un célèbre quotidien en ligne, et rédige une chronique voyage. Des points communs.

Je suis heureuse de revenir à San Francisco, quinze ans après un premier séjour linguistique. J'étais alors logée dans le bled de Corte Madera, dans une maison verte adossée à la colline, chez Linda, brillante chercheuse en biologie cellulaire, son mari, Jeff, qui ne se séparait jamais de sa casquette, leurs deux filles de 16 et 17 ans qui faisaient du bénévolat au Honduras, un labrador mielleux et un chat qui ronronnait au même rythme que les vagues s'échouent sur les plages du Pacifique. La famille parfaite. Dans une ville parfaite. Un climat méditerranéen sans Marseillais, des rues qui montent et qui descendent comme dans les films,

des otaries qui font leur show sur les quais. Et les paroles de Scott McKenzie qui défilaient dans ma tête.
If you're going to San Francisco
You're gonna meet some gentle people there...
Tels étaient mes souvenirs de San Francisco. Il fallait revenir !

Dave a l'air vraiment admirable. Dommage que je n'aie pas l'occasion de le rencontrer.
Maggie me quitte pour aller préparer ses bagages, et je pars faire un tour en ville. J'ai l'impression d'être dans un décor de poupées, parmi les maisons en bois multicolores et les petites boutiques où l'on vend des glaces crémeuses et des fringues roses. La ville modèle semble avoir changé. Ou c'est moi qui ai changé. J'ai l'impression d'être dans un décor du *Truman show*. Un monde parfait.
Je me rapproche du centre-ville. Près d'Union Square, je commence à compter le nombre de sans-abri. Une dizaine sur le même trottoir. Devant l'ampleur de la tâche, j'arrête de compter. Un monde parfait...

Le soir, je découvre l'appartement de Maggie. J'imaginais des photos de voyage sur les murs, un fauteuil cosy et des montagnes de livres dans sa bibliothèque. Mais Maggie vit dans un univers nu. Pas de table. Un minuscule bureau. Un lit en mezzanine. Une douche-toilettes. Une kitchenette. Je dors sur un matelas par terre.
Le lendemain, je quitte une Maggie épanouie et rayonnante. Elle va passer trois jours avec l'homme idéal et m'envoie chez une copine à elle. Le hasard fait bien les choses, je vais loger chez Marie,

une Française, journaliste scientifique, voyageuse à ses heures perdues. Appartement chaleureux en colocation. On parle d'ici et d'ailleurs. Elle vit à San Francisco depuis deux ans et se pose la question : rester, partir ? Un contrat qui se termine mais... elle vient de rencontrer l'Américain parfait. Un jeune homme passionnant, cultivé, intéressant, voyageur et auteur. Je n'aurai pas le plaisir de faire sa connaissance, il vient de partir une semaine voir sa famille dans le Missouri. Quand elle parle de lui, brille dans ses yeux une lueur de félicité qui ne m'est pas étrangère. Avec lui, ce n'est pas pareil. Il est sincère, lui. Pas comme les autres. Pas comme les Français qu'elle a connus avant. C'est beau la Californie. Je lui demande ce que « l'auteur » a publié. En fait, ce n'est pas encore fait. Mais ça ne saurait tarder. Son concept est génial, insiste-t-elle en m'annonçant le titre de son futur best-seller : *Voyager sans un rond*. Je cache ma surprise. Et... comment s'appelle l'élu de son cœur ? « Dave », me répond-elle. Évidemment ! Dave est en effet malin et débrouillard. Il se paye leur pomme pour pas un rond.

If you're going to San Francisco
You're gonna meet some gentle people there...

Yes, very gentle !

Comment camper dans le Connemara quand on a une cystite

Là-baaaaaas... au Connemaraaaaaa...
Merci, Michel. Merci. Je te retiens ! Je ne serais pas dans un tel pétrin si tu n'avais pas marqué mon enfance avec ta maudite chanson qui m'a toujours donné envie de voyager en Irlande ! À cause de toi, j'avais depuis longtemps l'irrésistible désir de partir découvrir cette contrée sauvage où la vie est une folie et où l'on sait tout le prix du silence. J'aurais dû mieux écouter les paroles. Tu parles aussi d'enfer...

Je suis empêtrée dans la boue en pleine nuit au fin fond du Connemara, tout ça parce que, parce que... parce que j'ai... une cystite ! Oui. Voilà, c'est dit.
Et il a fallu que ça arrive, pour la première fois de ma vie, juste avant mon départ. Parce que, en plus, évidemment, je ne dors pas dans un confortable Bed and Breakfast avec des saucisses huileuses au petit-déjeuner et des toilettes à proximité, non, je fais du camping ! Il pleut des cordes et le vent souffle fort, tel qu'on peut l'imaginer dans ce décor typique de terres brûlées et de landes de pierre. Je n'ai pas la bonne idée, comme Maureen, de plonger nue dans les lacs du Connemara, même si le ciel irlandais est en paix. Je ne suis pas en paix, moi ! La fermeture de ma tente a craqué. Il ne manquait plus que ça... J'ai trouvé une vieille bâche qui traînait par là pour limiter les dégâts, mais elle s'est vite transformée en pataugeoire. Et, malgré leurs soi-disant vertus médicinales contre les infections urinaires, les sachets de cranberries achetés à la pharmacie de Glasgow ne servent à rien ! Les petites baies sauvages ne me font pas plus d'effet

qu'une chanson des Cranberries. *In your heaaad... in your heaaad... zombie... zombie...*

D'accord, il y a des choses plus graves dans la vie... Comme les conflits en Irlande du Nord, qui m'ont permis d'échapper un peu à Sardou, grâce à U2 qui a bercé ma jeunesse au son de *Sunday, bloody sunday*. Mais là, mon dimanche est quand même un « *fu... ing sunday* » !

Il faut que j'avance à tout prix, que j'atteigne les sanitaires... mais je me suis complètement embourbée et il est 2 heures du mat'. C'est pas l'heure du bain de boue ! Je suis complètement bloquée, une jambe enfoncée jusqu'au genou dans la terre humide du Connemara. Je n'en peux plus et ce qui devait arriver arrive... je fais pipi au plein milieu du camping, dans une position acrobatique, par une froide nuit pluvieuse et venteuse !

Je maudis l'Irlande, Sardou, les Cranberries et U2.

Comment bien dormir
chez une voyante viennoise

Elles me regardent toutes ! Fixement, elles me dévisagent. Elles sont figées, sévères, imperturbables. Impossible de dormir face à elles ! Comment trouver le sommeil devant leurs regards inquisiteurs ? J'ai l'impression d'être à une autre époque. La plus âgée, ridée et glaciale, est coiffée d'un chignon tiré. C'est l'arrière-grand-mère. La grand-mère est vêtue d'une robe sombre boutonnée jusqu'au cou, et la mère au regard assassin ou aux yeux revolver, comme dirait l'autre, semble prête à me trucider au moindre geste déplacé. J'ouvre le tiroir de la vieille commode pour ranger un livre et je tombe sur… un flingue ! Mais je ne risque rien. Les femmes sont immobiles à jamais, même si leurs regards perçants donnent à penser que les portraits sont prêts à sortir de leur cadre.

Dans un coin de la chambre, un panier à chien. À l'intérieur, la photo d'un vieux clébard au regard vide, la langue pendante, et quelques croquettes. Les dernières croquettes de Pablo, le chien mort.

Le lit est large, la couette moelleuse. Le mobilier ancien est de bon goût. Mais ce goût n'est pas suffisant pour mettre immédiatement à l'aise. On se sent épié, observé, surveillé. Les croquettes, les portraits, le flingue…

C'est ici que je passe quelques jours dans la capitale autrichienne. En chambre d'hôtes, dans une maison qui n'est pas sans rappeler celle de la famille Adams. Pourtant, l'hôtesse est très accueillante. C'est une dame d'une soixantaine d'année, blonde décolorée, à l'allure un peu excentrique, vêtements larges et bariolés, souriante et dynamique, amatrice de roses.

La salle de bains est celle de la propriétaire, elle ne ferme pas à clef. La déco marine y est plutôt kitsch. Des petits coquillages partout : sur le sol, les rebords de la baignoire, autour du miroir ou au-dessus du lavabo.

Le petit-déjeuner est copieux. Des confitures, des viennoiseries (forcément !), du pain frais et du café à volonté. Garibaldi vient se faire caresser. Une boule de poils rêche, laide, mais qui l'a échappé belle. Sa propriétaire lui a sauvé la vie. Carmina l'a trouvé au bord du chemin, agonisant. La pauvre bête était envahie de trois cent quarante-deux tiques. Carmina les avait toutes retirées, une par une.

La déco du séjour est plus chaleureuse que celle de la chambre. Aux murs, plus le moindre portrait de famille, mais des visages venus d'autres horizons. De riches émirs enturbannés et souriants. Ces messieurs viennent de loin pour faire appel aux services de Carmina. Carmina, célèbre diseuse de bonne aventure.

Elle ne me propose pas d'éclairer mon avenir. Pas besoin. Mon futur sera j'espère comme celui de Garibaldi, ce chien qui a trouvé refuge ici. Il résistera aux assauts du temps, aux parasites en tout genre, jusqu'à l'inévitable fin au panier. Mon avenir sera un jour aussi figé que les portraits dans la chambre.

Comment manger des moules-frites avec un Espagnol et un Catalan

Je m'apprête à entamer mon repas en tête à tête avec des bivalves pas très causants quand l'un des deux papys assis à la table d'à côté, regardant curieusement ma marmite, me demande :
— Qu'est-ce que vous avez pris comme sauce ?

J'ai choisi la sauce moutarde. Ça n'est pas de la bonne moutarde de Dijon, ça, c'est sûr, mais ça donne une belle couleur dorée aux moules et les petits grains croquent sous la dent comme du sable. Ce restaurant barcelonais propose un choix impressionnant de sauces pour accommoder les moules-frites. J'ai trouvé ici la dernière table libre, ça grouille de monde à midi. Le papy m'a posé la question en catalan, mais je crois que j'ai compris. J'ai répondu en français et il a compris aussi. Vive les langues romanes ! Les deux petits vieux se sont contentés de moules marinières. On entame la conversation, et je me fais comprendre en baragouinant un mélange de français, d'espagnol et d'anglais.

— Je voulais aussi prendre moutarde, mais mon copain n'a pas voulu ! dit l'un des messieurs en français.
Il traduit alors à son ami.
— Oui, mais t'étais pas obligé de prendre la même chose que moi ! répond l'autre en espagnol, en parlant la bouche pleine.
Ces deux vieux copains se chamaillent comme un vieux couple.
— Vous savez qu'il ne parle même pas catalan ! me dit le premier.

— Ah bon ?...

— Monsieur vient d'Andalousie. Il habite depuis trente ans en Catalogne, et il ne parle pas un seul mot de catalan ! N'est-ce pas scandaleux ?

— Humm...

— Je parle espagnol, catalan, un peu français et un peu allemand. Et lui, rien ! Espagnol, c'est tout !

— Ah bon... je réponds, pas prête à me lancer dans un grand débat sur la politique linguistique du pays.

— C'est pour ça qu'il voyage toujours avec moi. Pour que je traduise...

L'autre s'énerve, tandis qu'il trempe ses dernières frites ramollies dans le jus de la sauce marinière, et lui demande ce qu'il me raconte.

— Je suis pas traducteur professionnel, quand même !

J'acquiesce en mâchouillant une moule un peu caoutchouteuse.

Les deux compères finissent leurs plats et commandent des digestifs. Ils trinquent.

— À la Catalogne ! dit le multilingue catalan.

— À l'Espagne ! répond l'hispanophone.

— Non, à la Catalogne ! lui dit l'autre en catalan.

— Non, à l'Espagne ! insiste son copain.

— À l'Europe ! dis-je alors.

Euh... ça jette un froid.

— ¡ *Mierda !* dit alors le monolingue, en espagnol.

Eh bien, c'est du joli ! Je termine mon plat et commande un dessert. Une crème catalane. Ne pas se priver des produits locaux ! Après tout, quel meilleur endroit pour déguster ce type de spécialités ? En si bonne compagnie...

— Qu'est-ce que vous avez pris ? me demande le papy polyglotte.
— Une crème catalane.
— En digestif ?
— Non, en dessert.
— Vous savez que c'est aussi un digestif ?

Le papy appelle alors le serveur et me commande un verre.

Je me retrouve à déguster une petite liqueur, généreusement offerte par un Espagnol. Et un Catalan…

Vive la Catalogne ! Vive l'Espagne ! Vive les langues et les cultures ! Vive le monde !

Et surtout… vive la crème catalane !

Comment camper dans les Carpates avec les copains de Winnie l'Ourson

Emmitouflée comme une momie, je me réveille en sursaut. Qu'est-ce que c'est que ce bruit ? Le sac-poubelle gigote. Le sac-poubelle... mais comment ? Une bête ! Je reste blottie au fond du duvet. J'ai peur. Je n'ai rien du dernier trappeur moi !

Un son métallique retentit. La boîte de conserve... Celle que j'ai ouverte pour le dîner et qui s'est révélée être pire que de la pâtée pour chat. Je me suis contentée de triangles de fromage à tartiner insipide, sur du pain sec, après avoir jeté l'espèce de pâté gélatineux, poisseux et translucide qui se trouvait dans la boîte.

Quelle idée de venir camper en solitaire au fin fond de la Slovaquie, dans les Tatras, ces mini-montagnes qui font un peu Alpes de poche ! Assez grandes, en tout cas, pour abriter une population d'ours. Naturellement, j'aime bien les ours. Mais je les préfère... en peluche !

Bon, je ne suis pas tout à fait seule. Quelques tentes se battent en duel dans le camping. J'ai même sympathisé avec un « voisin », un vieux pêcheur slovaque, sosie de Clint Eastwood. Quand je lui ai dit qu'il ressemblait à l'acteur américain, il m'a répondu : « C'est qui ? »

La langue lèche goulûment la boîte et les dents s'acharnent sur ses rebords. J'ose un « Pschitt ! » qui fait fuir l'intrus. Mais difficile de fermer l'œil. Je repense à une émission « catastrophe » vue à la télé, qui montrait deux jeunes filles faisant du camping sauvage en Alaska, quand un ours a déchiré leur tente, saisi l'une des copines par l'extrémité du sac de couchage et l'a dévorée ainsi, comme un hot-dog.

J'ouvre mon sac de couchage, au cas où il faudrait courir. Je n'ai pas envie de finir comme sandwich pour le copain de Winnie l'Ourson.

J'attrape ma nouvelle frontale. Il faut tourner la manivelle pour voir l'ampoule s'allumer. Le genre de truc qui peut réveiller tout le camping ! Enfin... sauf ici où il n'y a pas foule. Je tourne, tourne nerveusement pendant quelques secondes pour recharger la batterie. J'ouvre la tente, cherche mes chaussures humides et sors inspecter les lieux. Le sac-poubelle est déchiqueté. C'est la pleine lune. Le brouillard est tombé. Une vraie ambiance de loup-garou ! Un décor digne d'un film de Dracula !

Et mon Clint Eastwood, il n'aurait pas un fusil dans sa tente ? Arrête de flipper, ma petite. Bouba n'est pas dans les parages ! Je rentre me réchauffer sous ma toile. Le sommeil ne vient pas. Je sais que je ne ferai pas le poids face à « la bête ». Même si, avec mon gabarit d'apéricube, le pauvre risque d'être déçu de son repas.

Soudain... Je ne rêve pas ! La tente bouge ! Comme si une tempête s'était subitement levée pendant la nuit ! La toile est animée de vifs mouvements saccadés. Je pousse un cri pour faire fuir l'agitateur. Le monstre détale. À moins que ce ne soit un voleur ? Mais qui viendrait chercher un reste de conserve infecte ? Enfin, tant que ce n'est pas un serial killer slovaque à la recherche de voyageuses blondes solitaires égarées aux pieds des Carpates...

Le matin, derrière la tente, dans les hautes herbes, je remarque une allée d'herbes couchées. Vu la largeur du passage, ça ne pouvait pas être un renard…

J'en parle à Clint Eastwood. Il rit.

— Un ours ? Un Slovaque bourré, oui !

Le soir suivant, les poubelles sont loin et le pâté est rayé de la liste des courses. Bonne nuit ma petite. Gros nounours va passer. Fais de beaux rêves !

Comment boire du mousseux explosif avec des supporters de foot dans un village bavarois

Moi qui espérais manger ma goulache en toute tranquillité dans une pension bavaroise en pleine campagne, je ne suis pas déçue ! J'y fais escale pour la nuit au cours d'un trajet pour Munich. Il est presque 22 heures, en semaine, et je pensais ne trouver que quelques clients terminant leurs desserts. Mais... surprise ! Toute une tablée d'Allemands regarde un match de foot. Je déteste le foot. Regarder des types courir bêtement après un ballon m'a toujours semblé aussi ennuyeux que de regarder une série policière allemande soporifique. Munich joue contre l'Italie.

Passionnante, la danse de ces messieurs aux cuissots d'aurochs et à la grâce d'une assiette de choucroute. Je me moque éperdument des vainqueurs éventuels, mais observer les téléspectateurs est tout à fait divertissant. Bien plus que le match. Huit têtes concentrées, stressées, captivées, n'ont d'yeux que pour le petit écran. J'entends des soupirs, des « Ho... », des « Ha... », des « Hou... ! ». Les bouches se plissent, les sourcils se froncent, les verres se vident. L'angoisse se lit sur leurs visages, comme s'ils attendaient le diagnostic d'un médecin sur le point de leur annoncer une maladie incurable. L'un tapote nerveusement avec ses doigts sur la table, l'autre éponge son front en sueur, un autre s'écrie « *Scheiße, scheiße, scheiße !* ».

Soudain, des cris s'élèvent dans la salle. « *Jaaaaaaaaa...* !!! » Ce ne sont pas des cris mais de vrais hurlements. Les cris de guerre des coupeurs de têtes de Bornéo ne seraient pas plus puissants ! Ribéry a marqué un but. Le but ! Les huit Allemands sont au comble de l'extase. Un simple ballon peut provoquer des sensations si orgasmiques...

Il faut fêter ça ! Ces messieurs commandent du vin pétillant et m'en offrent un verre. C'est bien aimable. Je me retrouve à trinquer avec huit supporters du Bayern Munich !
Je me saisis du breuvage effervescent et en bois une gorgée. Soudain... au secours ! Ce n'est pas du champagne, ça, c'est sûr, c'est une boisson pétillante acidulée au goût indéfinissable. Et surtout, les bulles piquantes remontent subitement dans la gorge, se fraient un passage dans mon appendice nasal, me brûlent comme si j'avais avalé une pleine louche de moutarde. Qu'est-ce que c'est que ça ? ! Je sors un mouchoir pour évacuer le liquide explosif, plus efficace que de l'eau de mer pour déboucher les narines.
Mes compagnons, de leur côté, boivent cul sec et se resservent des verres de la piquette volcanique qui les rend encore plus joyeux qu'ils ne l'étaient déjà. « *Gut ! Gut !* », s'écrient-il en me tendant leurs verres. Je trinque à nouveau, me force à boire. Inévitablement, ils me resservent. Je suis plus rouge que les joueurs après le match.
Je me retrouve ainsi à boire à la santé de l'Allemagne et de Ribéry dans une fiévreuse soirée bavaroise. C'est sympa le foot finalement.

Comment déguster de la soupe aux vers dans les Vosges

Me voilà sur les crêtes des Vosges, dans une petite auberge que l'on appelle « marcaire ». C'est ici qu'on fait l'un des meilleurs fromages du monde, un bonheur pour les papilles ! Je parle du munster frais. Pas celui que vous achetez au rayon fromage chez Cora, non. Je pense au munster non affiné, presque tout droit sorti du pis de la vache (noire et blanche), et qui n'est consommé que sur place, à la ferme. Excellent. Surtout bien arrosé de kirsch.

Mais aujourd'hui, j'ai décidé de commander une soupe. Miam miam...

Eh oui. Les Vosges recèlent de richesses que la voyageuse blonde ne voudrait en aucun cas manquer. Les Vosges ? Vous ne voyez pas où ça se trouve ? Eh bien, c'est en France !

Ulysse était peut-être heureux de faire un long voyage. D'autres moins. Après tout, une odyssée en Boeing n'est pas toujours rigolote, entre plats préparés et voisins qui prennent toute la place et s'étalent et s'affalent et... on ne sait jamais où mettre ses pieds et... mais qu'est-ce qu'il me fatigue celui-là à parler si fort ! Et puis d'abord, pourquoi un voyage dans la jungle de Bornéo, un trekking dans l'Atlas, un séjour de méditation en Inde ou un stage de parapente sur les flancs de l'Himalaya seraient-ils forcément plus palpitants qu'un séjour au camping de Gérardmer ? Pourquoi la rencontre avec les Hmong du Viêtnam, les Kunas du Panamá ou les Bai du Yunnan serait-elle forcément plus enrichissante, plus belle, plus bouleversante qu'avec... le peuple vosgien ? Les autochtones du territoire métropolitain ont aussi de nombreuses richesses, coutumes et traditions qui gagnent à être connues. Si, si.

Le Vosgien est un être rustique et sympathique. En plus, il a le choix. Il peut être soit lorrain, soit alsacien. Attention, on ne confond pas. On ne mélange pas la quiche et la choucroute. Le Vosgien, on s'en doute, vit dans la montagne. Il connaît le brouillard, le froid, le vent. Il parle une langue difficile à comprendre pour ses concitoyens : le vosgien. Il vit dans une région peuplée de loups, de grands tétras (levez-vous de bonne heure pour en voir ! Il est aussi menacé que l'ours polaire mais on en parle moins).

Dans cette auberge marcaire, me voilà donc entourée de Vosgiens. (Et de touristes allemands.) Ma soupe arrive. Délicieuse ! Je serais presque tentée de la manger comme les Chinois, en faisant le plus de bruit possible. Mais bon. Soyons sobres et dégustons avec délicatesse.

Mais pourquoi il me regarde comme ça le touriste allemand ? Qu'est-ce qu'il a à loucher sur le liquide étrange qui remplit l'assiette ? Elle est très bonne ma soupe aux châtaignes ! Ça fait une éternité que je n'en ai pas mangé d'aussi bonne. D'accord, on ne voit pas trop ce qu'il y a dedans mais... Mais... ça bouge ! Qu'est-ce que c'est que cette forme qui se tortille dans cette châtaigne ? Des vers !

Pas besoin d'aller au fin fond de l'Asie pour manger des protéines inhabituelles.

LE MOT DE LA FIN

Alors, décidée à partir vous aussi ? Je sais que vous rêvez maintenant de prendre le Transsibérien, un bus indien ou panaméen… Vous vous imaginez déjà déguster un fabuleux tofu en Chine, dormir chez l'habitant en Russie ou à Singapour ou, pourquoi pas, tout simplement, faire un peu de camping en pleine nature. Mais n'oubliez pas la phrase de Nicolas Bouvier : « On croit qu'on va faire un voyage, mais bientôt c'est le voyage qui vous fait, ou vous défait. » Eh oui… vous défait !

Allez… courage ! Je prépare mes bagages pour de nouvelles aventures en Amérique du Sud, continent que je connais très peu. Comme l'ornithologue coche les espèces d'oiseaux observées, le voyageur est impatient de cocher de nouveaux pays ! La musique de Los Kjarkas tourne en boucle, je vérifie qu'il reste une page libre sur mon passeport pour quelques tampons, je m'apprête à remplacer le café par la coca, je note une ou deux adresses de chambre d'hôtes ou de « canapé »… L'aventure m'appelle… à moi la conquête du nouveau monde !

Je songe déjà à la suite que je pourrais écrire à ce recueil, dans longtemps, très longtemps, lorsque j'aurai découvert de nouveaux horizons, vécu de nouvelles anecdotes, fait de nouvelles rencontres... En fait, j'ai déjà le titre : *Comment voyager seule quand on est petite, vieille et ratatinée.*

TABLE DES MATIÈRES

Comment voyager seule…................................... 9

Viêtnam.. 15
Comment voyager dans le delta du Mékong sans être Duras.. 17
Comment boire de la vodka de Hanoï sur une île avec dix Vietnamiens... 21
Comment voyager au Viêtnam dans un train d'une autre époque.. 25
Comment rencontrer des expats petits, blonds et aventureux.. 28
Comment se faire masser en pyjama XXL 30
Comment faire du shopping à Saïgon................... 32

Russie 33
Comment dormir dans une résidence universitaire de la banlieue russe 35
Comment se faire des copines qui aiment Poutine 37
Comment survivre à une babouchka qui veut vous engraisser à Saint-Pétersbourg 41
Comment prendre le Transsibérien avec des Russes qui sentent la bière et le poulet frit 46

Comment rencontrer l'espion qui venait du froid 49
Comment passer la frontière russo-mongole avec un Belge.. 52

Chine 59
Comment trouver des yuans et des toilettes dans le fin fond du désert de Gobi................................. 61
Comment manger des crevettes dans le Yunnan... 65
Comment survivre aux crachats des Chinois....... 69
Comment se régaler de tofu dans le Sichuan....... 73

Inde... 77
Comment passer pour une extraterrestre dans une gare indienne.. 78
Comment se débarrasser d'un Indien plus collant qu'un naan au fromage.. 80
Comment mimer la tortue marine au pays de Ganesh... 83

Mongolie... 85
Comment voyager avec des inconnus armés au pays de Gengis Khan 86
Comment être invitée à une boum dans les steppes de Mongolie 89
Comment rencontrer un faux chaman dans un vrai train mongol.. 92

Malaisie et Singapour 97
Comment voir un film chinois à l'eau de rose à Kuala Lumpur.. 98
Comment déguster le fameux *nasi lemak* malaisien 99
Comment jouer à Ken et Barbie en Malaisie....... 101

Comment apprendre la salsa avec un danseur dégoulinant à Kuala Lumpur 103
Comment dormir sur le canapé d'une Chinoise acariâtre à Singapour... 105

Thaïlande et Cambodge................................ 109
Comment ne pas mourir de peur dans un taxi thaïlandais 110
Comment trouver un resto à Bangkok un 13 avril 115
Comment ne pas finir desséchée à la frontière cambodgio-thaïlandaise 119

Afrique 125
Comment écouter Céline Dion dans un hôtel chic à Durban 126
Comment recevoir une déclaration d'amour atypique à Agadir 128
Comment se rendre au Lesotho sans écraser de chien 132
Comment poireauter de nuit à l'aéroport de Ouagadougou à cause d'une panne de mobylette.. 136
Comment faire la connaissance de coéquipiers qui ne se supportent pas pour aller voir les baleines en Afrique du Sud 139

Panamá... 143
Comment passer pour une fille volcanique dans un cratère panaméen 145
Comment rencontrer des « locaux » sur une plage pourrie au Panamá... 147
Comment prendre un bus panaméen avec un chapeau équatorien et un tee-shirt *made in China*..... 149

États-Unis et Europe..................................... 151
Comment rencontrer deux filles qui ont le même mec à San Francisco.. 152
Comment camper dans le Connemara quand on a une cystite.. 155
Comment bien dormir chez une voyante viennoise 157
Comment manger des moules-frites avec un Espagnol et un Catalan.. 159
Comment camper dans les Carpates avec les copains de Winnie l'Ourson.. 162
Comment boire du mousseux explosif avec des supporters de foot dans un village bavarois........... 165
Comment déguster de la soupe aux vers dans les Vosges.. 167

Le mot de la fin 169

POCKET N° 17006

VINCENT NOYOUX

TOUR DE FRANCE DES VILLES INCOMPRISES

Partez à la découverte des villes qui ne font pas rêver mais qui gagnent à être connues !

« *Vincent Noyoux revient de son périple avec un livre irrésistible de drôlerie et de finesse.* »

François Reynaert,
L'Obs

Vincent NOYOUX

TOUR DE FRANCE DES VILLES INCOMPRISES

Sous-préfecture ennuyeuse, vallée sinistrée, port industriel, ville de garnison, station thermale décrépite, banlieue lointaine… La France ne manque pas d'endroits où pour rien au monde on irait passer le week-end. Partant du principe qu'un clair de lune à Maubeuge vaut bien un coucher de soleil à Malibu, Vincent Noyoux en a choisi douze. Douze villes pas gâtées par la vie, oubliées, voire méprisées de tous. Jetant ses préjugés aux orties, il est parti à la découverte de ces territoires méconnus. Tour à tour tendre et ironique, il nous livre ici le portrait d'une France boudée et incomprise.

Retrouvez toute l'actualité de Pocket sur :
www.pocket.fr

*Cet ouvrage a été composé et mis en page
par PCA, 44400 Rezé*

Imprimé en France par CPI
en août 2018
N° d'impression : 2038770

POCKET – 12, avenue d'Italie – 75627 Paris Cedex 13

Dépôt légal : avril 2018
Suite du premier tirage : août 2018
S27774/03